SÓ PROSA

ARMANDO FREITAS FILHO

Só prosa

Companhia Das Letras

Copyright © 2022 by Armando Freitas Filho

Grafia atualizada segundo o Acordo Ortográfico da Língua Portuguesa de 1990, que entrou em vigor no Brasil em 2009.

Capa
Raul Loureiro

Preparação
Leny Cordeiro

Revisão
Marise Leal
Thiago Passos

Dados Internacionais de Catalogação na Publicação (CIP)
(Câmara Brasileira do Livro, SP, Brasil)

Freitas Filho, Armando
    Só prosa / Armando Freitas Filho. — 1ª ed. — São Paulo : Companhia das Letras, 2022.

    ISBN 978-65-5921-144-9

    1. Prosa brasileira I. Título.

22-124253   CDD-B869.8

Índice para catálogo sistemático:
1. Prosa : Literatura brasileira   B869.8

Cibele Maria Dias – Bibliotecária – CRB-8/9427

[2022]
Todos os direitos desta edição reservados à
EDITORA SCHWARCZ S.A.
Rua Bandeira Paulista, 702, cj. 32
04532-002 — São Paulo — SP
Telefone: (11) 3707-3500
www.companhiadasletras.com.br
www.blogdacompanhia.com.br
facebook.com/companhiadasletras
instagram.com/companhiadasletras
twitter.com/cialetras

Para Cristina, Maria, Carlos

Sumário

EU

Treinos de prosa, 11
Babá, 14
Crescimento, 25
Ler, reler, esquecer, 26
Você, 29
Escrito no computador, 30
Maracanã sem amanhã, 32
Quem é quem, 34
Preciso ou não arrumar minha mesa?, 36
Sol e carroceria, 38
Da incompetência, 43
Tocado pela dor, 47
Ladeira, 54
Vir e ir, 56
Quinta-feira disparue, 58
Uma questão moral, 63

Longínquo atroz, 68
Faculdades, 73
Cão feroz, 76
Poemas em prosa, 79
Montagem, 82
Historieta, 83
Pássaro flechado, 85
Armando esboço de um romance, 86
Corte de linhas, 89

ELES

Perseguindo Sussekind, 95
Em flagrante, na terceira margem, 97
Três mosqueteiros, 101
"Compreende?", 105
Cinco em um, 108
Minha luta com A luta corporal, 111
Mais vivo do que nunca, 115
Carta aberta: Poesia participante e praia, 118
Inconfissões e inconfidências, 130

Créditos, 149
Do autor, 153

EU

Treinos de prosa

1

o mar tenta quebrar a pedra ou vice-versa e vão sem parar ao encontro violento ou beijo ardente sob o sol a lua a chuva os pontuados das estrelas dos raios trovões das nuvens enfrentando o vento em fúria ou em câmara lenta encontro com a cabeça de passagem do pensamento que começa a dispensá-lo ao descer os dias todos a escada degrau por degrau e de vez em quando não cai sem saber o porquê ou então desconfia da queda na casa no sofá musculoso ou na calçada dura empacado no chão escuro pregado no assoalho no cimento nas paredes durante anos com cores vangoghianas antigas já desfeitas que reaparecem plantadas na imaginação na avenida frente ao mar e substitui através do esquecimento que penetra nesse bangalô que reproduz como se fosse a mesma recuperada na lembrança antiga já desfeita há um século na tal avenida já que de repente repõe sem tirar nem pôr os seus lugares em frente das mesmas paredes os seus móveis grandes e pequenos em frente sempre cara a cara com o mar educado no paredão e se deixa ouvir os mesmos navios de antigamente de noite enfim sem incomodar que nos encantam mais perto com a sua chegada vagarosa que guardam afogam o nosso sono na beira do cais para sempre

2

encontro a cabeça de passagem diante do espelho que começa a dispensar de pensar ao descer a escada de todo dia dentro de casa degrau a degrau bem sabe que não há mais nada a fazer que não poderá subir mais esquecendo pelas salas perdidas quase todas fechadas e tudo vai indo sem uso sem dizer sem sentir direito o que vai embora apesar da enorme mesa do sofá ainda e todo o resto empacado pelo chão que não se deixa arranhar nem a poeira pousar de lado a lado dos quadros espalmados pregados na parede durante os anos nas suas cores vangoghianas por toda parte mas não esqueço nada e mais a outra casa do passado que não mais existe sinto imediatamente que volto a tê-la na lembrança a outra antiga já desfeita há um século que se ergue como se fosse ainda o mar cara a cara continua em frente do paredão igual ao de um século sem mexer em nenhuma onda educada como sempre foi e que às vezes aceita golfinhos perdidos uma ou outra baleia e se deixa ouvir navios chegando de noite enfim sem incomodar nada enquanto eu não guardo na memória nenhuma caixa ou caixão mas sim minha casa perfeita e chego a colocar a tentar subir a escada de sempre mas não consigo mais estou preso não entre grades mas é como fosse uma prisão invisível permanente por vírus variáveis que cercam não somente prédios cidades mundo para sempre que permanece nessa vida que vai continuar mutação a mutação sem botar nenhum ponto final acabado as folhas caem como pássaros mortos a paisagem se crespa desistindo do céu, são pisadas sem dó sem dor também na calçada no breu do começo do inverno da passagem amortecida ou não pela ventania pela chuva, nas árvores esqueléticas graciliânicas

Babá

Casa grande, à beira-mar. Onze quartos. Hall, escada de mármore e um oratório, iluminados por um vitral de alto a baixo, e três salas grandes. Dois escritórios forrados de livros de medicina, de direito, de literatura. Duas varandas e um terraço. Três banheiros em três cores: azul, branco, amarelo. A mansarda de fora a fora da casa com possíveis fantasmas. Cozinha e copa. Jardins. No fundo do quintal um galinheiro, um quarador de roupas, dois tanques de cimento, garagem para dois carros, um banheiro de empregados e uma diminuta réplica da Casa grande, com três quartos espaçosos e cinco camas.

Certo dia, eu, ainda com dez anos, ouvi da copeira Elizabeth ao ser chamada de "criada": "Não sou criada! Sou empregada. Quem me criou foram meus pais". Ela gostava de andar, quando saía, livre do uniforme e do "diadema da servidão" — legenda do primo mais velho, Dadá, dito em alto e bom som, que até hoje não consegui saber se era crítica ou boutade por causa da touca rendada, servindo à francesa — com um broche pregado, na blusa com o dizer: "I love you". Para minha mãe o tal broche era uma "ousadia" ridícula da empregada semianalfabeta: "ela não é capaz de entender isso". Mas tinha alguém que traduziu para Elizabeth, em 1950, o chavão, o doce significado de um amor que poderia ser convicto e real. Um presente de namorado.

Babá, antes de eu nascer, já comandava como uma governanta os empregados. Ela não usava uniforme. E dormia na Casa grande. Seus vestidos eram iguais, sem mudanças no figurino; pardos com um bolso grande onde as chaves dos armários e portas da cozinha tilintavam. Acordava cedíssimo. Era magra, olhos azuis, cabelos grisalhos amarrados num coque implacável. Tinha um leve cheiro de sabão de coco ou de um perfume apertado e de limpeza. Nunca a vi suando mesmo no auge do verão. Falava pouco e baixo. Um dia, na casa de veraneio em Petrópolis, perdeu a cabeça por um motivo à toa para nós: ter que lavar um pijama de um amigo de Dadá hospedado lá, e partiu para cima da patroa, com um facão. Meu pai conseguiu desarmá-la com um safanão e ainda correu para segurar Dadá, que, apavorado, atravessou a rua Saldanha Marinho, sem olhar o tráfego. O curioso é que toda essa azáfama foi realizada sem gritos: dentro de um silêncio tenso para não chamar a atenção da vizinhança. Mais por elegância do que por vergonha e medo. Babá arrependida se trancou por dois dias no porão sem comer. Quando a fizeram sair, ela tão sóbria se jogou sussurrando aos pés de sua patroa, pedindo perdão. Foi perdoada e no dia seguinte voltou, como se nada tivesse acontecido, a seus afazeres. Babá continuou na casa por mais quarenta anos. Tinha o costume de sentar-se na sua cama às seis da tarde para rezar ou meditar; soltava os cabelos e Bob, meu cachorro, a acompanhava. Muitas vezes eu entrava nesse quarto e recuperava Bob para mim. Um belo dia a ouvi falando absurdos, com uma voz estranha, não muito parecida com a dela, dizendo que eu fazia sexo com o cachorro no banheiro.

Eu era a ovelha negra dos meus primos brilhantes. Boletins precários diante da beleza dos de Dadá, Tita e Ieié. Gostava de jogar bola sozinho, já que a avó, Sinhazinha, senhora poderosa, não queria crianças desconhecidas sem sobrenomes em casa. Eu andava no quintal com uma mania: a de não pisar nas formigas e nos caramujos com suas casinhas nas costas. Jogava na praia, muito magro, mas tinha uma vantagem: sou ambidestro e chutava com as duas. Meu jogo de botão era eu contra mim mesmo procurando ser isento, um contra o outro em intermináveis partidas, sem roubo nem preferência. Mas duvidava de mim mesmo. Sendo assim, o jogo tinha que recomeçar do zero e recomeçava sem parar. Talvez tivesse precisado de um irmão ou não. Minha gagueira, diziam, vinha de terem corrigido a minha escrita com a mão trocada e, por isso, eu era assim, gago e bobão. Nem sei se foi um primo competitivo que falava essa maldade com gosto, ou um colega no colégio. Eu, de quando em vez, dava um susto na minha avó pulando na sua frente com uma capa negra gritando: "a morte te persegue" e vivia atrasando o relógio de cabeceira dela, uma travessura com um pingo de vingança em virtude das zangas e implicâncias. Também ao tomar a bênção, no dorso na mão, no ritual antes de dormir, misturava o beijo com um sopro e ela me rejeitava com um tapa e uma reprimenda. Apesar de todas essas má-criações eu a admirava pela inteligência e pelo comando. Na casa havia um jornal só dela e outro para todos os demais.

A única vitória que consegui naqueles primeiros anos foi obter no teste de QI uma cotação bem superior à de Dadá. Nem meu pai acreditou, exclamando: "mas esse QI é o de Orson Welles!". Desconfiado, ao ver o filho levantar e dar a folha ao vigia primeiro que os outros meninos e meninas, pensou: "não respondeu nada". Essa vitória surpreendente, até para mim, fez com que Dadá, bem mais velho, que me desprezava, começasse a ter raiva, dia após dia, e saindo do seu silêncio característico e soberano proferia desaforos súbitos, dizendo, por exemplo, que um outro primo era mais inteligente que eu, mas não apresentava provas. Eu cogitava responder na mesma moeda, dizendo que esfregaria, apesar de gaguejante, na cara dele, o resultado que o feria tanto. Jamais o fiz. E gaguejo até hoje em qualquer circunstância com toda a vergonha.

A partir do meu crescimento minha vida começou a se complicar: noites de insônia em sequência, abandono do colégio, alguns segredos, confinamento por dois anos sem pisar na rua. Consegui sair desse túnel à força de remédios e análises eventuais. Anos antes, a Casa grande começou a ser esvaziada para venda. Livros imprestáveis eram jogados pelas janelas de cambulhada. A casa foi se descaracterizando de dentro para fora, ao ser comprada. O novo dono reuniu, num só ambiente térreo, quartos, salas, escritórios. Alguns anos se passaram. A família foi convidada nesse ínterim para visitar o que não era mais dela. Eu não fui. Como aturar essa deformação e ver o chão de peroba-do-campo pisado por estranhos? O tempo passou e por fim a casa caiu e se transformou num edifício anônimo. Agora passo diante do prédio sem sentir nada. A perda dolorosa, que me acompanha até hoje, é a da lembrança. E se alastra em tudo, na aflição de qualquer perda, percebida desde um níquel antigo até o carro do pai, Standard Vanguard bordeaux, vida afora.

Babá — sem aviso a ninguém — saiu para nunca mais voltar sem pedir dinheiro nenhum, ao que eu saiba, já que o ordenado de tantos anos era guardado por minha tia responsável por ela. Com certeza, sentiu o mesmo que eu senti depois do desmoronamento da mansão. Da espécie de fuga das famílias, cada uma para um lado. Na última noite, eu com quinze anos, me escondi da debandada atrás da bergère do escritório. O rancor e a desconfiança meus e de Babá tinham sua razão de ser, o que não permitiu que renunciássemos durante todos aqueles anos à vigilância de ambos até o fim do relacionamento, embora sem compreender claramente o porquê. Sobraram apenas esses recortes do vivido na memória, que não se perderam, não foram esquecidos.

Achava que Babá chegara ao ponto-final. O melhor de uma história não ficcionalizada ou pelo menos noventa por cento fidedigna está em rejeitar acréscimos e menções irrelevantes. Mas não foi bem assim, pois num repente linhas começaram a aparecer umas atrás das outras.

Como fazê-las se entranhar no texto sob medida, sem espandongar o que parecia pronto e acabado? Então não estava? Faltavam eventos memoráveis, imprescindíveis para completar, ao menos mais um pouco, aquelas vidas que não paravam de brotar em relances detidos aqui, ali, naquela noite, no dia seguinte de anos e anos passados tão vivos, tão presentes?

Claro que não iria terminar nunca o que se contava; algo iria sempre escapar muitas vezes em esquecimento e segredo, mas não custa esforçar-se e aumentar a luz fugidia. Ou outras fixas, que não se apagam nunca e toda hora voltam como vistas há tantos anos, meio século antes.

Não conheci Mananã, pois não era nascido. Ela foi escrava até Sinhazinha a adotar com carinho. Tomou conta de minha mãe que ainda não era mãe. Naquela época era assim: estendia a sua esteira ao pé da cama dela para dormir. Já grande, a menina tomava conta de Mananã, não a deixando comer carne, só carne de frango. Os médicos recomendavam peremptoriamente em alto e bom som: Não pode! Como mamãe contava para mim, muitos anos depois, o que me fazia chorar.

A memória acaba esquecendo, por mais que se lembre. Não tem fim ou morre incompleta sempre. Como eu esqueci Hemetério, o faz-tudo? Bastava a família "viajar" para o veraneio de dois meses, e o dito-cujo aproveitava para visitar a adega e beber umas garrafas de bom vinho.

E Messias, chofer full time, que ficava no vaivém de subir e descer a serra, dia sim, dia não. Pouco falava e lavava o Packard, movido a gasogênio, freneticamente. Depois enxugava o automóvel com a delicadeza de uma flanela azul.

E seu José, jardineiro troncudo, sério sem nem um mero sorriso, com sua foice aparando o gramado, a parede de fícus, com a tesoura grande, que depois regava produzindo o cheiro de folha cortada, terra úmida e sol no cimento, perfumando o jardim de ontem e os de hoje. Quando terminava o trabalho acendia um cigarro de palha com um isqueiro que tinha o formato de uma bala de revólver. Às vezes levava seu neto que, com a mesma idade minha, de doze ou treze anos, brincávamos, brigávamos, gozávamos à beça num vale-tudo ininterrupto. As empregadas não falavam nada nem os donos da Casa grande.

Houve outro jardineiro, armado de tesouras de todo tipo, que tinha um jeito feminino, assobiando sem parar. Pegava baratas com a mão! À noite o chão da sala de almoço ficava coalhado delas; parecia um chão movediço.

E Ubirajara Alberto Gonçalves, que dormia no quarto apertado na garagem? Hemetério tinha morrido e o novo faz-tudo entrou no seu lugar. Eu discutia futebol com ele. Irradiávamos um contra o outro o jogo inventado. Um Fla × Flu ferrenho que acabava em briga fora do campo, zangados, depois ficávamos de bem até outra peleja. De tarde, quando Ubirajara terminava o trabalho e eu voltava do colégio, conversávamos sentados no chão do portão dos empregados, até que um dia a revelação se deu: como nascia uma criança. Eu, com catorze anos, soube com repugnância como era a coisa. Fiquei enojado, não entrei em casa durante o dia inteiro, não queria ver minha mãe nunca mais, como que coberta de gosma. Quando foi escurecendo, marquei com meu canivete, no poste de madeira do quarador de roupa branca, a data, o ano de 1954, daquela nojeira revelada — suja — no começo da noite.

Não posso deixar de dizer, contudo, que minha primeira tristeza profunda foi a de ver, em 1950, ao vivo, o Brasil no seu Maracanã novato ser derrotado pelo Uruguai, que conquistou o campeonato mundial. Em seguida, perdi minhas duas avós muito queridas. O que me fez levantar, para sempre, foi ganhar em 1956 um disco, onde no lado A tinha Manuel Bandeira e no lado B Carlos Drummond de Andrade, os que não morrem.

Para finalizar, assim espero, aconteceu uma festança, a última na Casa grande. Meu primo Dadá casou com Letícia, neta do marechal Rondon. Fiquei estupefato e meio que perdido com a arrumação supimpa da mansão. No hall de mármore branco se entrava por uma varanda feita de mosaicos de cor variada que combinavam entre si as pequenas pastilhas que nunca se desencaixavam.

Ao meio-dia começaram a chegar mesas no jardim onde se ia almoçar ao ar livre. Cada uma tinha um guarda-sol para evitar o próprio ou o seu contrário, a chuva. Mas o dia foi impecável no começo do outono. Um vento bem-educado, medido e fresco ajudava os convidados. A chegada do marechal Rondon com uma bengala feita por índio me espantou e encantou. Na sua mão direita, no dedo anular, um anel pesado de cor roxa.

Os fotógrafos chegaram aos montes tirando fotos de todos. Em cada mesinha havia um pequeno copo de metal ou de prata com cigarros e pequenas cigarrilhas. Depois de ficar embasbacado com o espetáculo, resolvi tirar um cigarro aqui, outro ali para dar para os garçons e o cozinheiro. Afinal, já anoitecendo à beira-mar, eles deviam estar cansados de tanto serviço, assim como eu, que tinha catorze anos. Por isso achei que devia agradá-los neste fim de festa.

Mas as janelas da memória abriam-se desde sempre. Lembrava-me dos quadros, mesmo depois da mudança, mesmo depois de vendidos. Soube que tinham valor que não sentiam quando foram embora, mas me encantavam as paisagens que eram fixas e não sujeitas a chuvas e ventanias. E os móveis. Nos dias de tempestade imaginava que o ronco das trovoadas anunciava que estavam arrastando as pesadas cômodas e os armários que pontuavam nas salas, nos quartos. Alguns deles tinham espelhos na porta que me cercavam de retratos, eu — filho único — sentia suas ausências, seus cheiros de ternos, seus automóveis Packard, entre o medo e a coragem, ao continuar a ler os livros de Arsène Lupin, e secundariamente, os de Sherlock Holmes.

Esse sentimento, posso dizer, persiste até hoje. Vezes, sentado, durante a tarde depois do colégio ou no trabalho adulto no MEC, por exemplo, me voltava, sonhando ou acordado, vendo no quarto escuro sua presença, memorizada para sempre. Outras vezes chegava até a ouvir, como se fosse possível, alguns trechos dos livros que me acompanhavam com vozes que eu imitava tal e qual, assim acreditava.

Adorava ficar nos escritórios: um grande do meu avô e outro menor, do meu pai. O primeiro era do médico, repleto de títulos de medicina. Tentava enfrentar não só o que lia e tampava para não ver as várias doenças desenhadas e o colorido dramático delas. Meu pai achava que eu tinha um tino para isso. Tentei esporadicamente, mas não suportava a dor e principalmente o sangue que doía e seus significados, mas não podia deixar de ter, digamos, uma vontade de salvar, secar as feridas, ali mostradas. Não me interessava tanto assim, e gostava também de estar junto com meu pai advogado, que tinha me ensinado a ler e escrever com cinco anos de idade, através do jornal A Noite e dos dicionários. Me ensinou, precocemente, e assim foi mais fácil dar uma satisfação a mim e a ele. De um modo e de outro. Na mansarda lá em cima, onde tudo se guardava dos anos: antigos livros, roupa encardida, ratos, baratas parecendo envernizadas entre tantas outras coisas embrulhadas, imprevistas, esquecidas, prontas para serem demo-

lidas todos os dias, onde começaria a nascer outra construção —
um edifício todo misturado com cimento e vidro. Esperando os
que vêm chegando, com suas músicas de mau gosto. Ouvia, sim,
com saudade, as músicas que ficaram na memória dos discos e do
piano da Casa grande. Minha tia-avó, tão querida Kaquilê, can-
tava tão bem. Foi ela quem me deu esta casa onde moro há meio
século na Urca, a cem passos do mar.

Fui me acostumando na Praia do Flamengo ainda cara a
cara com o mar. Mas sou Fluminense doente; Castilho, Píndaro
e Pinheiro; Índio, Pé de Valsa e Bigode; Telê, Didi, Carlyle, Or-
lando e Rodrigues. Eram meus ídolos e continuam sendo, como
se estivessem vivos. Fiquei arrasado quando Castilho cortou parte de um dedo mindinho para poder continuar sendo o melhor
goleiro do Brasil. E um parente, de implicância, me passou um
telegrama dizendo: "Castilho é avô". Fiquei arrasado. Anos mais
tarde se suicidou, defenestrando-se. Desgraça dele. Mas tinha
que ser assim em pleno voo. Era fã também de Joe Lewis, o "di-
namite de Detroit". Amava o boxe; apesar de ser magro, tinha
luvas autênticas e fingia que lutava contra o portão da garagem.

Quando notei, já começava a ler os jornais degrau por degrau. Falava mal de Getúlio, mesmo depois de sua morte. Deixei
Carlos Lacerda, que havia sido meu padrinho de crisma, apesar
de seu magnífico falatório. Eu o imitava em sentido contrário
e passei a ler *Última Hora* de Samuel Wainer. Meus pais con-
servadores não me recriminavam, deixando, em certa medida,
que eu fosse aprendendo e desaprendendo. Mais tarde rolavam
discussões com meu padrinho. Ele era brilhante e as conversas
eram assim na família, mantendo suas gravatas impecáveis de
todo jeito.

Ainda me escondo da vergonha de não ter ingressado na
faculdade. Para tristeza enorme dos meus pais passei, aprisionado por mim mesmo, dois anos em casa sem ir à rua, escreven-

do e lendo tentativas de versos copiados, noites adentro. Acabei sendo arrastado, tendo que ser arrastado, literalmente, por meu pai, para quem me salvou: d. Cinira Menezes. Se ela ainda vive eu vivo graças a ela; se não, continuo vivendo como que levado magicamente pelas suas palavras, que se mantêm, poderia dizer, ainda intactas. Não a esqueço, adoro o seu perfume ligeiro e o começo do meu desejo. Sim, me masturbava diariamente em seu louvor com seus óculos lindos que posso dizer me viam profundamente e eu a ela apoiado na voz suave, firme e no hálito impecável que me faziam chorar e secar a minha choradeira.

Eu fui crescendo vendo o golpe militar horroroso torturando. Tomei um nojo dos militares por vinte e um anos.

Lamentavelmente, no tempo de hoje está sendo assim horrível como uma repetição: vivendo com vírus eternos. Confinados para sempre?

Como se pode ter alguém, um sujeito sujo, como esse de agora que é a maldade em pessoa? O que se vê crescendo ou esparramando são aqueles que não merecem ter nome nenhum, que são apenas aliados por fios grossos e maus das maledicências de todo modo, de toda raiva querendo juntar o dinheiro calculado, roubado, matado por esses grupos que não têm vergonha na cara, que chegam para fazer todo dia o mal, com as balas não tão perdidas nas crianças.

Agora, com mais de oitenta anos, estou descendo os degraus fatais. Não sei ao certo quantos me faltam, embora calcule, querendo fugir do impossível loucamente. Não posso deixar Babá sozinha. Parece que entre um dia ou outro ela fantasmática me acompanhará para me cuidar ou me repreender severamente.

No quintal vasto ela cuidava dos pombos, enquanto Áurea, a cozinheira, cortava o pescoço das galinhas quando preciso. Cortavam tantas vezes que o ralo onde eram degoladas empretecia o ferro cada vez mais. Não se compravam mortas na rua. Era considerado uma sujeira. Eu tinha uma, a Amarelinha, que me deixava fazer festa no seu corpo tão amigo e manso.

A Casa grande desapareceu para sempre e o molho de chaves que Babá levava se mantém na minha imaginação, acredito que também na dela. Ainda quando insone ouvia o tilintar pesado das chaves, assim como a vejo jogar o punhado de comida de todas as espécies para o galinheiro, e as galinhas desciam dos poleiros. Quando punham os ovos e eles se quebravam, suas companheiras iam ferozes para comer a espatifaria. Os pombos também apareciam para catar o que sobrava e nos acordavam cedo, mas já estávamos acostumados ao seu metralhar de asas.

Muita coisa ficou no caminho esquecida. A vascularização faz o que pode para adiar a minha morte. Não consigo mais escrever tentando acabar, completamente, no fim dessa página que vai terminar em branco, vazia, morta.

Só prosa mesmo assim, vaidoso, quero imaginar o impossível. Durar pelo menos achando que o vento ainda vai colher em cima da folha o desejo do lápis, da caneta, ambos no caderno aberto da minha mesa, esperando que nada é nunca.

Crescimento

Brincando com as letras pintadas em cubos de madeira. Uma por uma — tentando numa folha de papel qualquer começar a imitá-las como via e lia nos jornais, soletrando, ajudado pelo pai, como se fosse meio cego ou quase mudo, incompleto no ato de dizer pelo menos algo gaguejante estremunhado. Se embaralha a custo, pois não tem linha onde se equilibrar direito, e acaba caindo, virando garrancho sem término e ilusão de sentido, mas insiste à cata de achar o que diz, rasgando o que for preciso e indo novamente em busca. Até riscando a carteira do colégio que geme. E a cadeira dura castigando durante a aula obrigatória debruçado no caderno de caligrafia, afinando o alfabeto a cada mês, sem precisar de muito esforço. Até começar a palavra, depois a frase se formando, diminuindo o uso da borracha para apagar o erro e limpar o que se quer escrever, e alinhar na página o acerto preciso e dizer através da leitura que foram se formando as letras bem traçadas, pouco a pouco no começo. E acelera cada vez melhor o rascunho do poema que foi se firmando, reto e claro, no livro que já acolhe e o protege e é impresso, encadernado pela capa que vai durar um tempo.

Ler, reler, esquecer

Me despeço de mim. Dos livros antigos que eu li e marquei com lápis e caneta. O sublinhado do texto ficava de tal forma que mal se lia o que estava impresso. Minha letra ainda tinha sinais adolescentes naqueles dias e os comentários à margem que eu exaltava à revelia do meu pai que criticava o exagero exclamativo. Tinha razão. Quando hoje revejo as páginas relidas sinto vergonha e saudade misturadas, e se evito lágrimas elas serão hoje mais verdadeiras que as de ontem.

Poemas, romances, novelas, contos, ensaios, revistas, jornais iam sendo tragados. Uns por completo, outros pela metade ou em sumários recortes dentro dos livros encravados, esquecidos nas estantes repletas de poeira, de capas e lombadas variadas. Algumas velhas no abrir e fechar. Umas imóveis, novas, deixadas para depois, para nunca mais talvez iam sendo desbotadas pela incidência do sol, que segundo as estações variavam no escritório dos dias e meses.

A vida caminhava entre versos inesquecíveis, trechos dos romances em prosa pura, novelas de fôlego, contos mais ou menos breves, ensaios feitos de precisão e pensamento, revistas de diferentes alcances, vespertinos desnecessários se empilhando no chão e os restos deles jogados fora na caixa de lixo; notícias irrelevantes, fila de soldados, colunas contraditórias, editoriais mal escritos, controversos gols de ontem, comentários sobre crimes de anteontem e mulheres.

O volume de muitas e muitas páginas pesa tanto como o mar de Melville. Não tenho tempo mais para relê-lo nas ondas das páginas sucessivas. Lido há muito, não cheguei a ler por completo quando ainda moço. Mas a inesquecível baleia Moby Dick está sempre guardada no meu medo de carne, osso, fúria, arremesso. O livro que recordo agora tem folhas em branco de capa a capa, e o que vem à tona é o seu contrário — *O velho e o mar*.

Os velhos livros queridos depois de muito uso vão sendo encadernados em bom couro e títulos em ouro: relevo sóbrio, exibidos na conta certa começam a ser postos nas estantes tumulares. Todos foram lidos de ponta a ponta? Ou a coleção daqueles títulos?

Ombro a ombro, apertados, presos para sempre são vistos só nas lombadas? Parece que morreram: não respiram mais o que diziam fechados em série.

Corpo a corpo com as personagens vou encarando libertos na memória uns atrás dos outros movidos por trechos de cor, relembrando, me perdendo nas aventuras, nas invenções escritas por lápis grossos ou de pontas finas, dependendo conforme o desejo, o ânimo, o desmaio da intenção em prosa ou verso sujeitos ao sentimento da vontade.

E quando a leitura para o marcador para e se insere entre as folhas, ou, quando não, o livro aberto pelo vento me perde um pouco.

Fernando Pessoa(s) abriga todos em cada momento, mas quem sabe se todos são um — disfarçados? Não serão então nada fictícios com outros pensamentos diferentes em tudo: na palavra escrita, na roupa, no chapéu, na barba e bigode. No verso e reverso em outros espelhos: exatos; jogos simulacros, diversos como querem ser nas páginas que ocupam; quase caras-metades masculinos ou então são sósias que nunca se viram?

Livrar-se de todos os livros velhos atirados da mansarda: folhas, asas de capas abertas espandongadas em catadupa! Lidos e não lidos na mocidade mergulham no esquecimento e deixam restos pelo chão no quintal da moradia que foi vendida às pressas para separar a família duradoura rompida sem briga na Casa grande e seus jardins, armando outra vida um pouco longe do mar.

Você

Aconteceu de repente, em fevereiro de 1940, em meio à guerra. Depois foi a grande casa da Urca impressa no sangue e no sonho: tão constante como a lembrança do primeiro verão consciente: a pedra sob o amarelo do sol, patética; o jardineiro azul com sua mangueira vermelha molhando a grama verde; a negra Josina, nua naquela cama branca, naquela tarde e nesta memória. Mais tarde, a mudança. Estamos em Laranjeiras onde a mão, com as últimas manchas de tinta da infância, hesita e escreve, em caderno pautado, o primeiro verso que é tudo e nada. Salto no tempo: um fazendeiro do ar que fala num disco ouvido muitas vezes; depois fala através de um livro, noites e dias, lido de mim para mim, em voz alta, hoje, e para sempre. Agora, uma Regina, uma menina Maria e a vida que passa, pantera de seda e pasmo — lúcida — como uma ventania em câmara lenta.

Escrito no computador

O dia me leva. A árvore que se despe no vento do tempo e me trouxe até aqui não crescerá mais, direta, a partir de mim, mas seguirá com algo meu pelos seus ramais, nada sei do quanto pode durar, e em que sítio, situação, ou é infindo. O céu, com suas variações, continua o mesmo, indiferente e sério, azul hoje com sua abóbada de ágata, inamovível, desde que o mundo se soldou e a atmosfera foi apreendida no seu teto, imune a rachaduras. Está ainda vivo entre estrelas mortas, só admitindo nuvens, sol, lua, relâmpago, planetas. Eu há anos vou por dentro desse espetáculo sob silêncio e trovões. E a saudade vai se instalando à minha revelia, por decisão própria pelas esquinas dos dias absorvidos que deixam cacos de espelhos retrovisores: lembranças presas na trama da memória — umas relevantes, outras triviais. Caleidoscópio estranho, porque figurado, sonho preso a princípio que se esvanece ou não, mas mantém seu texto, compreensível, que continua tecido por que matéria? Por qual luz e ilusão? A idade sobe rápido e quem a carrega desce devagar. O mesmo fardo eleva a dor, que possui dois pesos e duas medidas parecendo contrariar a máxima, pois o volume tem tamanho parecido, mas o que difere e descompensa é o sentimento no trajeto, o vaivém dentro do corpo único, a divagação paradoxal, ir e vir ao mesmo tempo sem parar, habitando o mesmo veículo — cabo de guerra entre mim e eu em cada ponta, em plena ação — sombras idênticas, recortadas com força e desejo iguais, possuindo semelhante amor e ódio. Desgosto por ceder à morte inaceitável logo de frente. Medo de perder o início de outro dia ou de sentir que o adeus se impõe a cada coisa vista: rua, morro, mar, montanha, porta entreaberta por uma aragem de verão, você, vocês que me fizeram e a mim mesmo que fiz outros, e eles outros mais, que me despeço antes mesmo de o desenlace se confirmar. Mão que se desprende da outra, o adeus se impõe cada vez mais forte, e com ele o esquecimento gradual, dia após dia, do meu rosto que somente é lembrado num retrato longínquo, diário, à mercê da morte súbita.

Maracanã sem amanhã

A primeira vez que entrei no Maracanã foi no dia em que se inaugurou o estádio. Ele ainda estava meio em construção, era o futuro da minha vida, mas o que o iria completar não seria tanto o término das obras, e sim a conquista da Copa de 50. Talvez por isso tenha ficado inacabado por muito tempo, e, até hoje, guarde um clima de *work in progress*.

O jogo de estreia foi entre os combinados de "novos" do Rio e de São Paulo, com a vitória dos paulistas por 3 a 1. Mas ao menos uma alegria este carioca usufruiu: o primeiro gol que a torcida gritou naquele cenário foi o de Didi, fluminense, nos dois sentidos, em chute de fora da área, bem ao seu estilo — velocilento — com a bola chegando à meta, quadro a quadro, antecipando, ao vivo, o replay, em *slow motion*, de hoje.

Àquela altura, não tínhamos encontrado a expressão definitiva — folha seca — para aquele efeito estranho que tira o peso da bola, paralisa o goleiro, a paisagem em torno, como que numa foto ou natureza-morta absurda que vai da geral ao miolo da área, onde só a esfera de couro vive, vencendo o ar e a hipnose. Sete anos depois, foi via "folha seca", executada pelo mesmo autor, no mesmo campo, que embarcamos para o sucesso na Suécia.

Mas voltando a 1950: os jogos do Mundial começavam e o Brasil, apesar de um empate decepcionante com a Suíça (no Pacaembu!), depois de passar sem hesitação pelo México, foi em frente, arrasando, num crescendo, Iugoslávia, Suécia, Espanha.

A partida final, com o Uruguai, era pro forma; nunca nada foi tão certo, nunca mais nada foi tão certo. Eu estava lá, com dez anos, nas cadeiras de ferro azuis, que de tão novas cortaram, a frio, as minhas pernas de calças curtas, principalmente na hora do frisson do gol de Friaça, nome adequadíssimo para a circunstância. O resto já se chorou em prosa e verso. Perdemos para sempre. Olho para trás: o que vejo é o gigante do Maracanã contra o céu, nu e cru, cinza, em concreto aparente e bruto, arranhando todos aqueles que o vestiram por noventa minutos e que, agora, o abandonavam em silêncio. O Maracanã foi minha primeira ruína.

Quem é quem

O quarto é quadrado. Tem uma janela na fachada da casa e duas portas. A primeira abre para a sala e a outra para um pequeno quintal cimentado sem um palmo de plantas. O pai, a mãe e a filha já não moram mais aqui. No quarto vazio ficou uma cômoda antiga, uma mesa com o retrato da família em cima e um espelho grande na parede. O chão está arranhado pela mudança. Tudo é silêncio e vazio. Ninguém. Não. Há um inseto de pernas finas exalando um cheiro de podre. Nem sei quantas de cada lado. Uma se arrasta como que quebrada. De repente, dentro do instante de um instinto, uma barata surge, corre em sucessivos staccatos. Parece lustrada, tem cor de um vinho velho qualquer. Parece também que sentiu o odor e o ruído da tal perna, mas ainda não sabe, não vê de onde vem aquilo ao certo, de que é feita e quem é. Os dois ainda não se encaram, parecem perdidos em si mesmos, mas continuam a rastejar. Cada um tem o seu estilo, que é parecido ou é um, somente? No escuro do quarto, o rumor e o cheiro parecem vir de dois pontos. Gostaria de registrar com certeira precisão o que fazem naquele chão deserto, o que procuram: comida, relação de qualquer espécie, lugar para se agasalhar, ter uma companhia, se esconder de qualquer intruso com sapatos pesados, de vassouras que furam a pele, et cetera. Através dos dias (ou de alguns anos) morar ali na casa vazia, toda ela, no meio da poeira crescente, água de chuva, pingos de lama, terra batida no porão. Mas esse tempo não chegou ainda. Estão procurando, sem noção nenhuma de como fazer, o que querem, talvez encontrar alguém que os sirva ou os siga se arrastando penosamente nus.

Talvez encontrar alguém no escuro ou que os acompanhe, evitando a solidão antes da morte, de cair de costas sem força, e se aprumar pelo menos na poeira que os cobre, assim, inseto e barata confundem os que veem ou leem, ou confundem-se ambos, pernas entre pernas, sozinhos ou só, únicos, neutros.

O casarão esquecido vai desmoronando, telha por telha, tacos, vidraças. A cômoda antiga resiste com o peso da qualidade de sua peroba e o brilho ainda das aldravas de bronze. No mais, ambos passeiam no teto, na parede em busca de não o sei o quê. De vez em quando, como já disse, caem de costas e custam a se virar. Só agora que essa página está acabando estão ficando próximos do espelho que ainda não tinha sido explorado. Ao se verem, topam consigo mesmos e ficam estáticos. Durante esse tempo todo sem relógio, resumindo, acompanhei os muitos dias tentando compreender também quem era quem, quem era o mesmo ou quem era um na mesa curta que escrevia catatônico, tentando compreender a dúvida, a casa inteira suja se desfazendo sem ninguém dentro dela, não querendo sair, preferindo os bafos de quem era afinal das contas alguém; quem era que escrevia esse relato? Quem era feito de quê: grafite e papel ou dois corpos nus franzidos e esqueléticos espelhados, inventados. Ou era um apenas seco para sempre?

Preciso ou não arrumar minha mesa?

Preciso arrumar minha mesa. A cada dia ela fica mais entupida. Escrever sobre não está dando. Nem escrever acerca de. O menor caderno, o de um palmo, mal cabe. E o que nele se escreveria corria o risco de transbordar, sair da pauta. Só se for um segredo daqueles: tão grande que tem que ser escrito em letra minúscula, em código abreviado e escondido num lugar tão óbvio, como n'"A carta roubada" de Edgar Allan Poe, que Lacan escarafunchou. Mas eu não guardo nenhum segredo assim, valioso e necessário. Não guardo ou de tanto guardar ele foi esmaecendo, ficando ilegível, quase esquecido. O que falta é o desejo de descobri-lo. O melhor esconderijo, se necessário, seria esse, então: ausência de desejo. Deixar a mesa, os objetos sobre ela e ao seu redor como estão, cobrindo-se de poeira mais e mais. Mesmo porque se arrumá-la, deixando-a limpa de lado a lado, a foto seria outra, e eu "um outro" com ela. Portanto, depois de tanta elucubração confusa e empilhada no meu pensamento, concluo que não preciso mesmo arrumar minha mesa.

Ou, pensando bem, por que não? Não me esqueço, cito de

memória, já que não acho o livro no meio desse mafuá, o verso de Álvaro de Campos: "Ah, o ópio de ser outra pessoa qualquer!". E, também, apoiado na certeza de Rimbaud: *"je est un autre"* citado no primeiro andar desse texto. E a mesa, se reparo bem, não é de escritório, mas sim de uma sala de passagem que aceita de tudo um pouco que pousa nela, embora a pilha de papel bem que poderia ser as provas de um romance vale quanto pesa, tipo *Moby Dick*. Por que *Moby Dick*? Talvez porque escrevo à beira-mar. Mas como não sou prosador de ofício, e sim poeta do meu tempo, sem odes e odisseias, minhas linhas são magras almejando ser graciliânicas em um dia excepcional qualquer. Por isso, amparado nas imagens e na imaginação, começo a pôr em ordem o que vejo e perscruto. Ainda estou no começo do arranjo que no entanto me toma por inteiro, me põe em pé no meio da noite para limpar o chapéu de couro na parede. Mas a mania ainda não é minha, firmemente fixada, como deveria ser.

Sol e carroceria

Rien ne décourage autant la pensée que cette persistance de l'azur.

André Gide,
lembrado por Geraldo Carneiro

DIA 15 DE JANEIRO DE 1998

Saindo de férias. Fugindo de férias pelas estradas furiosas do verão. Quem buzina assim, altíssimo, contra a lataria, é o sol. Há, ainda, uns restos de Natal no ar — esfarrapados e vermelhos. E à noite as mil e uma luzinhas recortam árvores, Carta aberta: Poesia participante e praia casas, com o seu incêndio controlado, esquecidas aqui e ali. Algumas, cansadas, entraram em curto e falham. Pisca-pisca, espasmo, vale-tudo, e nada.

DIA 20 DE JANEIRO DE 1998

Dias longos e parados. Dias de cartão-postal, quando o sol esplende, perene, e não se põe. Todos os viadutos levam para o mar, empapado de gente. Os corpos de cada um, com minúcia, poro por poro. Alguns, tão belos, chegam a doer. Nada pode durar muito nesse estado terrível de perfeição e equilíbrio. Alguma coisa, de repente, vai resvalar e ferir fundo as peles de Deus e da paisagem. Eu que de há muito desci, pelo outro lado da pirâmide — eu que estou na sombra — olho, do chão do deserto, para o ápice, para o verde, para o vértice. O tempo de vida ali, sem vestígio de vertigem, no ar rarefeito dos eleitos, é breve. Mas como brilha e respira! Sinto o desejo e a raiva de quem se frustrou, de quem nunca conseguiu ser tudo naquele cume, na hora certa do mergulho, na ponta do trampolim. Um corpo com tanto apuro não deve precisar de alma a postos. Espreito, com paixão, sua coreografia natural. Não quero entrar por dentro dela, chupando tudo o que tiver que ser chupado, lambendo o suor do torso vivo e contemporâneo. O que eu queria era ser não "o ópio de uma outra pessoa qualquer", mas ter e ser o sal desta, precisa e intensa.

DIA 24 DE JANEIRO DE 1998

Com a barba por fazer. Vou em frente contando, cortando dias, perdido e solto, em cenário provisório, para sempre ou até quando? Crusoé com sua palmeira; sem sexta-feira, todo dia é domingo. Filho único não tem direito nem a Caim. Rosto cerrado que se espeta. O vigor que resta é este, que cresce até depois da morte e chega à flor da pele, grisalho. Os espelhos não funcionam mais, o narciso quebrou estilhaçadissimamente, e no fundo infinito sem referência, sem nenhum compromisso com a própria imagem, não aparar mais nada, não se deter, sentir o tempo todo, o tempo passando. Ir a pique na correnteza, nessa água que não lava, mas marca com suas linhas, sujo de mim mesmo, suado, usado.

DIA 28 DE JANEIRO DE 1998

Bem que poderia ter escolhido outra estratégia para essas férias. A de M. Hulot, por exemplo, nas suas *vacances* memoráveis, tão alegre, na ponta dos pés, incólume. Ele sabia como ninguém tirar férias das férias. O hotel em que ficou — em um verão dos anos 50 — foi completamente *bouleversado* na sua rotina. Ele era também um Crusoé. Só que inconformadíssimo. Não foi compreendido, ou foi compreendido, sim, por um menino. Eu também tinha um menino à mão, meu filho Carlos. Mas apenas o via, ainda tão disponível para mim, de relance, na outra margem do mar. O amor era tão tocante que envenenava. Amor desse tipo, com essa força, prepara a gente para matar e morrer, como o Steiner na *Dolce vita*, penso entre dentes. Sei que não aproveito a vida de C. como devia, que o vou perdendo, que o desperdiço. Mas quem poderá segurar, sem queimar as mãos, a juventude extrema — *forever young* — que toca, toca no rádio?

DIA 29 DE JANEIRO DE 1998

Chuva. "Estar de férias" é um sentimento perdido, enterrado na infância. Agora, sem o sol trabalhando nesse balneário, tudo parece falsear. Exílio dentro do exílio. Sensação aflita, claustrofóbica, de tédio e enjoo, como quando se surpreende o cara a cara parado e vazio dos espelhos se repetindo, sempre e sempre. Ou a de quando se vê a ilustração que reproduz a figura de alguém olhando a capa de um livro que traz estampada nela a mesma imagem e, assim, sucessivamente, cada vez menor, infinito adentro. Interrompo o devaneio para ver, com antecipação, o que não quero: como deve ser esse lugar álacre, fora da temporada. Vazias, a praia e a piscina. Nenhuma bola multicor. Nenhum grito. Um dia depois do dia D, domingo, em preto e branco. As cadeiras caem de costas, empurradas pelo vento, e ninguém as socorre. Uma, única, caiu dentro da piscina e por lá ficou, náufraga, abstrata. O mofo, as traças, a umidade — seculares — já atacam os tênis e as roupas mortas nos armários que estalam, empenando. Anoto com mão tremida e urgente o que não aconteceu. Mas é melhor parar de tentar construir esse dia de desvios, esse dia pelo avesso.

DIA 2 DE FEVEREIRO DE 1998

Escrevo ao léu. Todo diário é forjado. O clima deste quer ser marinho. Mas o que vem à tona nem é tanto ao mar nem é tanto à terra. Passa-se numa zona intermediária. Tem algo do ar de incerteza da foto que está em cima da escrivaninha de um filme dos irmãos Coen: a mulher, de costas para o foco, na praia, embaixo do guarda-sol, com a mão fazendo as vezes de viseira, olha para o horizonte, talvez. A fotografia é, ao mesmo tempo, banal e perigosa. Ela olha para o dia simplesmente, que pode ser rotineiro ou feroz como aquele, perfeito para peixes-banana. Gostaria de ter dito, enfim, isso que aí vai, se fosse possível, superpondo pensamento e murmúrio, colando a boca a uma orelha cor-de-rosa. Uma orelha que poderia ter o formato da concha desse tom que minha mulher me deu nos últimos dias. Concha que colada ao ouvido era muda, não evocava o mar, era apenas bela. Guardei-a com o colorido de seu pôr do sol particular e fixo na gaveta da mesa de cabeceira. Pelo menos ela vai esmaecer mais devagar. Vai manter o calor e a glória do seu momento impecável por mais tempo. O rosto está quase todo tomado pela barba. Mas nunca vou merecer a palavra hirsuto.

Da incompetência

Todo ser humano tem um leque vocacional. As circunstâncias da vida é que vão determinar a escolha e o grau de investimento que ele vai poder dar a essas inclinações de origem. Por isso, o acaso tem uma presença importante nesta questão. Não basta a vontade pura e simples, mas o alimento casual que fortalecerá, para o bem ou para o mal, o desenvolvimento dessas tendências, que acabam se reunindo num fruto que cresce na estufa e ao ar livre, ao mesmo tempo. O lado que controla esse desempenho, além dos impulsos naturais, sofrerá percalços de todo tipo: desânimo eventual, náusea, ameaça de atrofia, inapetência. Neste momento, o lado que está fora do controle ou "fora de si" poderá intervir (ou não), positiva ou negativamente. No meu caso, com o conhecimento adquirido de mim mesmo, conhecimento perturbado pelo pânico de quem completou sete décadas de vida (e, portanto, mais perto do fim), posso dizer, sem mistificar, que o feixe da minha vocação foi mantido, com suas particularidades afins, pois desde criança sempre gostei de escrever.

Nesse percurso, contudo, ocorreu uma perversão contínua, ocasionada, a princípio, por um medo, por uma de falta de força e de fé em mim mesmo, que me tornavam inapto para qualquer competição normal que a vida proporciona, e que foram como que me aleijando: à medida que era seguidamente derrotado, não na luta, mas na desistência, fui obrigado a acreditar numa fantasia ou num dom, mais inventado do que sentido, para salvar-me. Este esforço de transformar uma ilusão possível numa realidade praticável me tornou quase cego, para o exercício cotidiano, no mundo dos outros. O resultado é que desaprendi ou fui deixando de aprender várias coisas que me fazem falta no dia a dia geral, comunitário, que dariam, inclusive, à futura profissão de escritor maior amplitude.

Esta incompetência crescente não era necessária, mas acabou sendo, para mim, vital. Precisei desse fanatismo, desse fundamentalismo neurótico, do seu motor envenenado, para enfrentar, com uma espécie de estoicismo além da conta, a resistência, a descrença, o silêncio da família.

Optei pela posição negativa absoluta, de "contrastes e confrontos", como quem aposta sem dinheiro, precisando blefar durante todo o tempo: na mesa do café, do almoço e do jantar, em vez de tentar o convencimento que, apesar de difícil, teria sido mais rico, sob o ponto de vista existencial e intelectual. Acreditei que antes só que bem acompanhado no traçado do destino, que por um misto de desobediência e covardia, no início sem causa definida com clareza, e depois com alguma orientação, fui entortando, mas sem nunca saber ao certo o porquê desta atitude, em virtude de sua radicalidade de não contra-argumentar, e aonde ela me levaria, sem nenhuma mediação: ao que era esperado pelo clã de alguma maneira, mais ou menos, ou a um descaminho dessa expectativa. Logo eu, muito mais próximo da rotina do que da aventura. De todo modo, o ganho foi maior que a perda, preciso crer. Se não consegui manter a interação com o entorno de forma consistente e sistemática, minha vocação cresceu, de forma atípica, na sua voracidade: buraco negro, papel sem fim, sem distração, nem desvio desta espécie de canteiro de obras ou das atividades a ele inerentes. Contrapus, ao personagem aguado do diletante, o do autodidata concentrado, sem autonomia, a não ser a que se presta a esse fim único. Em ambos há desperdício de élan: no primeiro, por diluir-se ou evaporar-se em paixões voláteis, sem raízes genuínas na sua história, e no segundo, por ter que se empenhar, como que em dobro, para alcançar o pretendido. Pelo menos, pude ocupar minha vida com o aprendizado obstinado, sem norma e sustentação aparente.

O que era viço, portanto, virou vício, com os perigos próprios desta condição. Sem atinar direito como proceder com eficácia, fugi do que se assemelhava a uma paralisia e mesmice familiar, em todos os sentidos: com os de sangue e com os de convívio estreito, preferindo correr o risco de cair, não no seu oposto, mas no espaço infinito da mania, do cacoete, da repetição, que não é a outra face da moeda, mas a mesma. Esse perigo sempre foi perceptível, sinal de que, em algum nível da realidade, ele está ativo. Não sei como tratar ou curar essa sensação (ou esta morte) de estar preso a um destino pétreo. Nem sei se há tratamento, cura, se há, ainda, lugar e tempo para a antiga ilusão de ventilar--se mais, com algum proveito, mesmo que mínimo.

Talvez se não tivesse me "despreparado" tanto, de maneira tão obsessiva e redutora, me "profissionalizado" com tamanha dureza, se, enfim, fosse mais amador, etimologicamente falando, os recursos para conhecer, combater e relativizar a possível gravidade desse sintoma não estariam, hoje, longe do meu alcance, da minha sabedoria e esperança, e o meu rendimento seria melhor, ou menos afobado e carente, suponho.

Todo esse falatório para chegar, calculo que mais por cansaço do que por outra coisa, à conclusão batida de que o caminho é feito e se faz, através e apesar de nós mesmos: estamos ao léu, ao tempo, embora achemos que há um teto que nos cobre e uma casa que nos cerca, mesmo sabendo que, se for assim, será mais por hábito do que por amor.

Tocado pela dor

Para ctrl + l

Angst, até pela óbvia similitude fisiognomônica de signo e sentimento. Mas em tradução errada, libérrima: "dor de gancho", que não desmancha, gosto de sangue que não derrama.

Escrever o pensamento à mão. Reescrever passando a limpo, passando o pente grosso, riscar, rabiscar na entrelinha, copiar segurando a cabeça pelos cabelos batendo à máquina, passando o pente-fino furioso, corrigindo, suando e ouvindo o tempo da respiração. Depois, digitar sem dor, apagando absolutamente o erro, errar.

Acorde. Escuta o que percute e encurta a vida, até o verso: ferida para quem escreve e para quem lê, atenta para a dor.

A dor de alterar-se, de altear-se estala, e a inocência também é de sangue. Uma e outra se quebram e reanimam-se: têm o mesmo comportamento, prazo, bravio e breve, das ondas no mar.

Mas não cessa. Não para, ainda que a dor ameace interromper a veia, do que só sob pressão se articula inteligível, do que só funciona sozinho, pessoal, mas transparente contra a vontade do coração medido.

Não sei mais como se dorme. Se dor não há para aguçar o corpo, por que a dormência não chega para neutralizá-lo?

Desenganado agora no quarto apertado que ainda sobra, que ainda sinto: dor e entusiasmo!

Na faina do corpo, no fundo furado, no estofo do estômago, o ferrão da dor come e esfarinha a força franzina e os dentes da doença mordem as grades do corpo. A dor atarraxa, torce o torso: rumor de rosca, ruído enrosca, estira a coxa.

A dor dispara dispersa desperta que o corpo — espada — até o fundo, veste e enterra: até o cabo, e a dor não sabe do tenro do cálido do tépido deste cálice de carne e investe: ferro versus ferida, derrame, desta cor sem som que sangra nesta cela em que sonho nenhum se escreve nas paredes, nesta sala de azulejos lívidos um raio de dor, sempre aceso e vívido, à terra desce, e a dor subindo, tom por tom, em degradé na escala dos degraus.

No olho da rua, a dor de tantos gols contra, em silêncio. Nos muros — para todos — sem temer que venha a furo a dor do tumor e o que era antes de um inaudível vermelho agora ruge feito uma ferida fora das grades.

Debruçado, com dor de cotovelo na área dos fundos que os domingos abandonam ao fracasso dos varais vazios ao vento, e cai nos olhos abertos das janelas.

Mato-me pela primeira vez sob sol tão forte que escureço, sem dor, no alvo tão longe do céu enquanto o telefone toca, toca sem parar no chão diante de estátuas trêmulas, abaladas pelo vento.

Só a dor pode parar o amor. Correndo risco, eu conheço seu começo: ponto e novelo, meada de mel e langor de lentos elos, que a minha língua lambe no calor despido, no meio de suas pernas; anéis de cabelos, anelos e nós se desmancham em nada ou nódoa, por todo o lençol do corpo nu e amarrotado; nós aqui somos todos lassos e nos rasgamos devagar — poro por poro —; rumor de sedas ou de uma pele toda feita de suor e suspiro; eu soluço a cada susto seu, que nos dissolve.

Boca cheia de cabelo. Cacofonia, cachos, um veludo de mulher, com a cara sem olhos e o corpo todo em ponta. Dedos, um por um, a língua ali — de novo a boca aberta num pedaço de carne: há alma atrás, batendo?

Sua pele me corrompe. Essas imagens vistas de outro ângulo com outras legendas podem ser de dor. Saio de uma cama sem alma feita de carne e madeira abrindo a porta do quarto direto para o deserto. Tardes de sol e vício. Tudo. Uma virgem sentada na minha cara de carnaval. Coração de tanque, contra-ataques e a língua dura. Noite de deus sem vento estatelada de estrelas: máscara, colete, luva preta, chicote e bota. Os dedos todos, sem socorro. *Loveless!* Contra-amor, chupada e o perfume cortante da tua pele de combate usada sem clemência chegando ao suor que pica na virilha e na axila. Linda e suja sem a reserva da alma e do nome feita de unha e músculo de corpo nu até o nervo e de ira de siso incluso. E trepo para te matar ou te reduzir a tua carne indo ao fundo mais ermo e extremo — ao mais úmido enfiando tudo no toque e na estocada.

Mulher incessante, nua, de cara, que fica só em sua carne com o leque aberto ao máximo, quase chegando na dor.

"Eu vou doer, eu estou doendo" e o pensamento ferido prefere acelerar para não parar na dor e toma velocidade, a anestesia da mesma paisagem, do dia aberto e igual, sem horas.

Pingo superesporádico, mas infalível, batendo aqui, nítido, nesta área de sangue que ocupo com todo o viço e a ruína onde a dor não dorme.

O set é no sétimo: você passa raspando e cai ao lado de minha vida: pura dor de olhos azuis.

Sei que me despeço antes do desfecho, antes que a dor ou o dia desfira.

A noite afinal dispara. Vou no vácuo, no intervalo harmônico entre dor e nada, acuado em corpo único, vivendo do próprio fígado.

Delicadeza pode ser terror de um vaso oferecendo flores em vão, no corredor vazio. A seta de qualquer inseto voando invisível até a picada. O desejo quando usa com minúcia todos os alfinetes e espeta para paralisar o manequim — sem pés nem cabeça — num estilo inesquecível que não pode mais querer o destino de ser único e diverso, nem pensar sobre a perfeição da dor, que me recorta inteiro do ar livre e prega, o molde, neste laudo, martelando-me na cal viva da parede.

A dor entrava, sob o peso do predador. Vou a pé, no chão calculado da cidade, dentro dos dentes, dos dias, em cadeia. Não se adia a dor natural da engrenagem.

Pesa a casa contra o chão e imprensa o pensamento do segundo corpo que a dor impôs ao primeiro, superpondo-o, poderoso, suado, fora de registro.

Nem lua há. Nem o ah! Aberto pelo esplendor de sua face no lago, que não é rasgado por nada/ dor nenhum(a), e queda impassível, no pensamento.

Falo para esquecer, rasgar, para gastar a dor — a garça que não passa —, tão nítida que fura e alveja o azul.

Esse Deus indiferente que assiste o açude e o maremoto se tece dessas águas salgadas e doces misturando os movimentos: largo, presto — de improviso.

A diferença é Deus que acompanha e guarda a arrebentação, a bênção, em nichos separados, encarando a dor com o bálsamo no equilíbrio das lágrimas.

Voz a voz, através do dia do rio, da via do imaginário não conseguindo doar-se no claro da vida, dividido(a) no arrepio da lei ilusória, a morte te denuncia, declama, declina, o dia a dia do corpo do seu nome: diador, diadema, diadorama, diafilme, diah!dorim.

Na curva perigosa de tudo o que o dia indigesto engendra e serve para entortar a noite. Serve para cariar o sono, interromper a linha da cama, movido pela dor da ideia fixa, que pega na praia e no asfalto que assalta cheio de dor e sangue oculto.

Mistura de dor e flor, rima óbvia, dueto vocabular tantas vezes tentado, mas aqui o que molha minha boca sabe a surpresa.

Avesso ao desejo, na contramão do que ama, o gesto volta atrás, se contraria, investe despido, sem nenhum cuidado ou luva, contra si mesmo, contra o corpo, apontado em dor, dúvida e destino.

Ah! A dor da sensação inesperada entrevista de passagem no centro da palavra. Ai que dor/ cabe/ num haicai, mesmo imperfeito!

Certas gavetas não perdoam. Emperram, gemendo. Ou quando, sob chave, a perdem ou têm seus dentes quebrados dentro da fechadura. Abertas à força, com pé de cabra, o peso dos segredos das lembranças de lágrimas das ilusões desbotadas justifica o gemido da madeira e a dor da ferrugem que agarra se insinuando em serpente, sílaba por sílaba, e se retorce na dor do próprio veneno.

Deitar na cama furiosa para dormir na dor, na dúvida de varar a noite com a camisa de força do corpo, em decúbito, à espera do diagnóstico do dia.

Beijo seu arco. Recebo sua flecha. O prazer é machucado, fruto de traição.

A dor do dia deve ser adiada. A noite tem que custar, mesmo que não se durma e mesmo em claro, durar, no atol escuro.

Entregue às traças da noite, aos mil e um cupins de mim, aos meus odores, às dores, mereço a morte, o medo desmedido, o lento furo do pingo da gota sucessivo, da bica sem conserto.

Mas a dor ainda não chegou apesar de o crime começar a pesar atrás dos olhos, cada vez mais mortiços, dos ombros caídos desde nascença, mas só agora percebidos.

E que quer beber o sangue inteiro que a sede escancarada suscitou: pelo sal, pelo buquê da alma suspensa, ainda em fragrância, de dor e êxtase.

O inimigo me concentra sem a dispersão da amizade. Me quer para tudo. Me fixa, especulando. Me faz agir com o outro, armando-me de igual maldade e malícia. Faço a barba e o rosto, cortado pela mesma dor.

Além das cicatrizes, há sequelas fundas, que formigam: sequência de dor e lembranças insistentes — marcadores dos limites, onde já não chego, onde me encerro, antes.

Ou vir em silêncio, rasgando sem dor — astuto, na autoescuta interna, no estudo do susto até chegar na face da pele, na boca, e não desabrochar, não oferecer nenhum alívio, ameaçado pela desordem da dor que vem se desembainhando, ácida, suada, tal lâmina, de um arremedo de mar fechado: mareada, de azinhavre, forçando as algemas que a repetição impôs alguma nota ainda não ferida no pulso, continuada da dor, incidindo no mesmo lugar.

Não sirvo. Não me servem. Sou de papel, não tenho carne nem divido comida com ninguém para oferecê-la à fome real dos dentes aparelhados, das dentições impecáveis, virgens de cárie e tártaro, de nervo exposto, de sisos ainda longe do discernimento, da dor.

A morte é certa e inaceitável. O martelo que bate o prego até a cabeça tem do outro lado o ferro do garfo que o recupera com menos dor, esforço e suor. O punho da madeira que a mão segura com a mudança da torção do pulso pode desenterrar, em qualquer tempo, então — não importa a profundidade —, o que foi firmemente enterrado pelo mesmo cabo.

O sobressalto da montanha, e, em outra clave, a hipnose do mar, a náusea.

Da viagem ou de sua perspectiva que acossa a estatuária sensível ao vento, suportando a dor do corroer, do lamber, da língua salgada, saburrosa, no mesmo lugar, monótona, que me paralisa à beira d'água.

No entanto, vive, se desloca, sem propósito, fim, desaparece, mas deve sobreviver-me, e isso suscita em mim quase um diador.

Ou o que pressinto é a dor de desabrochar que não me é dado ver — vermelho vivo vindo — e a espera do espinho por uma gota de sangue?

Ladeira

Lá ia eu subindo todos os dias. Foi o caminho feito pelos índios naquela terra primeira. Mais tarde, muito tempo depois, o chão foi paralelepipedado. Com perfeição firme e com as pedras feitas à mão calcadas o máximo possível no piso. Para fazer exercícios um dia seguia depois do outro. Quando chovia ia por dentro da casa subindo e descendo sem um minuto sequer de parada. Contudo, fui notando que, com o passar do tempo, pontos de dor aumentavam o segredo do peito, de surpresa, volta e meia. Minha mulher e filho não notavam. Eu escondia, isso sim, as dores variadas. Queria vencer de qualquer maneira, negando para mim mesmo. Depois de uns dez anos eu estava todo em frangalhos, como que ferido, com uma falta de ar ocultada diante de todos: família, conhecidos de calçada, amigos, sem correr mais, parando a ginástica, suando frio. De vez em quando, de repente, ficava e fingia por uns instantes e disfarçava na areia, na beira do mar tentando inventar aquelas pontadas. Um belo dia, porém, eu estanquei, e meu corpo foi aberto todo para arrancar o que precisava para salvá-lo. Até hoje, de manhã, de tarde, de noite, tudo ainda parece escondido pronto para repetir velhos ou novos ataques à espreita, imperiosos, prontos para um bote imaginário, um etc. qualquer para o sofrimento retornar; um resto que era como um fantasma que ia se fazendo de novo para matar. Afinal, eu desço, definitivo, sem chegar ao pico da ladeira aonde ia sempre, solto, encantado, apostando corrida, mas agora, caio, só, e nunca mais.

Vir e ir

Desde que me entendo, piso na calçada de cimento armado na beira do mar. Vou e volto, vendo que o chão de tanto tempo vai se rachando pela força de raízes das amendoeiras que esburacam, saem dia e noite com vagar, mas determinação. Às vezes as árvores são derrubadas e os lugares de antes ganham marcas que pretendem desaparecer para sempre, mas se olho bem há marcas das operações disfarçadas ao pé de quem anda atento para não tropeçar nos desníveis malfeitos, fracos, que cedem, volta e meia, e reaparecem feridos aqui e ali e por lá ficam para sempre pregando sustos em quem passa e atravessa sem cuidado e se esborracha com perigo nessas armadilhas feitas por acaso, e se fere sem cuidado no sótão.

Quanto a mim me desconheço. A juventude já não conta. Somente a vista mantém o encanto da sua beleza, mas mesmo assim não se vê como via antes. Somos sós, como que cegos esquecidos agora no começo do fim da vida que sente que está se despedindo, voltando cada vez mais para dentro do seu corpo fechado, queixoso, e que ainda está lutando dentro da cabeça da mansarda.

A casa é igual ao seu dono. Está toda escangalhada. Na varanda da frente, na outra de trás, na sala de almoço e jantar, nos três banheiros meio quebrados, na cozinha, no jardim maltratado, com sede, que mesmo assim cresce desajeitado, sem um apuro pelo menos, e no segundo andar a biblioteca como que enlouquecida nas estantes com os livros desarrumados, como que perdidos, cegos para nunca mais, o chão coberto de poeira, como se fossem, além das baratas, bichos irreconhecíveis, que não voam, mas se arrastam quando o vento sopra ou se agarram, horríveis, nos sapatos, pelos cantos dos três quartos, e finalmente o telhado vaza por qualquer chuva, enquanto a escada desce cada degrau, dia por dia sem volta no socavão.

Quinta-feira disparue

Bonita como ela só. Se vestia de maneira surpreendente, com bom gosto raro, sem espalhafato, combinando com a brisa que a delineava. Não sei como se despia, o que não deixa de ser uma pena. Bijuterias transadas de primeira classe. Me lembro de raspão de uma calça comprida bufante (oliva, azul-marinho?) de pano leve, que não chegava a seda. Sapatilhas, talvez sandálias rasas, orientais. A pele era morena, de quem toma sol na medida certa ou, por ser em abril — "aqui o mês de maior mel", contrariando o poeta —, já tivesse perdido a pegada do verão. Seu ar era dançarino; fez balé ou ainda faz, esporadicamente, para não perder o hábito, o prazer e a boa forma. Sua aparição no pátio da instituição onde trabalha, com ponto e tudo, foi rápida, mas marcante; leveza e beleza conjugadas, naturalmente, sem premeditações, são sempre inesquecíveis. A conversa do pequeno grupo parou para recebê-la: todos a conheciam por trabalharem juntos, menos um. Este meio que de fora, escutava mais do que falava, e por isso ouviu com clareza o que a recém-chegada afirmou e perguntou ao mesmo tempo: "Acho que as quintas-feiras não existem mais". Não falou de brincadeira. Sua voz não tinha um pingo de riso, como é comum nessas situações; seu timbre não era solene nem afirmativo. Continha, isso sim, a surpresa interrogativa de uma descoberta ou sentimento que ela não compreendia e queria ouvir se alguém ali presente podia concordar com ela e apoiá-la naquilo que poderia virar uma aflição. Uns dois ou três quiseram rir mas foram só até o meio, digamos assim. Outros olharam para o chão, prontos para irem embora, aproveitando a pausa. Eu, o estranho, não pude deixar que a revelação intrigante ficasse sem resposta e acompanhamento: desajeitado, propus que de todo modo era uma percepção bem-vinda para quem trabalha, ainda por cima sob o jugo do ponto. Uma semana menor será sempre melhor, ainda mais se fosse sem burla. Parei por aí e eles se despediram como colegas de todo dia, sem abraços nem beijos. Saí também da mesma maneira como se fosse um velho conhecido. Se soubesse enrubescer estaria rubro. Andei depressa para fugir de qualquer encontro: nada mais constrangedor do que esbarrar, por acaso, com quem já se despediu. Fazer o quê, se nos resta o riso meio amarelo, um fingimento qualquer, de quem mergulha dentro do celular e fica protegido, preso numa comunicação fingida? Escolhi um caminho inusual e embarafustei-me por ele. Por um momento senti-me desorientado, pois a noite chegou. Desorientado mais por dentro do que por fora. Afinal: era melhor ou pior uma semana mais curta? Aonde fora parar o dia-sensação sumido? O dia comum há tantos séculos? A vida, por certo, ganharia velocidade. O pagamento por esse pequeno prazer, no trabalho, mas não nas férias, seria a morte mais próxima, sem nenhuma dúvida. Não me foi dado encontrar de novo a moça que pôs essa questão na minha cabeça. Nem sei o nome dela ao certo. Não hesitaria em perguntar-lhe sobre a tal quinta-feira. Será que ela a esqueceu? Que não sente mais esse salto no tempo, como sentimos, em escala muito menor, a chegada e a partida do horário de verão? Encontro, de vez em quando, alguns daquela turma que se reuniu por acaso naquele dia distante e meigo de abril. Será que era uma quinta-feira? Pergunto aos que eu tenho mais intimidade se eles se lembram da sentença inusitada. Todos dizem que sim, porque a lembro a eles, tenho a impressão. Não a esquecem, pois eu não os deixo esquecer, com medo de ficar sozinho nesse estado obsessivo de perda sem resgate possível? Será que já se sentem normais nessa condenação sem saber, encalacrados nessa lacuna veloz da quinta-feira disparue? Eu não a esqueço por não aceitá-la sem análise: perdemos mesmo um dia além daqueles que perdemos sempre, com uma sentença enigmática na cabeça, proferida naquele final de abril lá longe, não tão meigo assim?

Não foi em seguida: foi bem depois que voltei, por acaso, a encontrar a moça da quinta-feira disparue. No mesmo lugar da primeira vez. A hora era outra: indecisa entre a manhã ou o começo da tarde; quando a gente, sem um relógio à mão, não sabe se diz bom dia ou boa tarde e, às vezes, é corrigido pelo interlocutor passageiro com um meio riso, não sei exatamente o motivo. O verão vinha a pleno, mas a chuva da madrugada amenizou sua força. Talvez por isso ela emergiu de belas botas marrons com presilhas de metal laterais e, na sequência, calças compridas e uma blusa simples branca de voile (?) com decote redondo. A amiga que me acompanhava nos reapresentou e eu não pude deixar de perguntar-lhe, logo de saída, se ela ainda sentia falta das quintas-feiras. Ela riu da minha lembrança e me disse com uma ponta de ironia ou de graça: "agora eu desconfio que as terças estão também ameaçadas". Assim mesmo: "ameaçadas". Fiquei espantado com a naturalidade do que devia ser uma piada, mas, a meu ver, não era uma piada completa: parecia mais com um dito nonsense falado à la Buster Keaton, sério. Imediatamente, se despediu e foi-se levada por suas botas. Digo isso porque ando atrás delas no comércio do Rio... E nada. Não encontro em lugar nenhum, nem na selaria das melhores casas; nem de longe encontrei até hoje algo que lhe chegue aos pés. Mas não vou desanimar, no meio do caminho, assim espero. Desejo-as impossíveis para ter no que pensar, bem trivial, para tentar fugir correndo do que, na verdade, me incomodava, quando cheguei em casa: do tópico da "terça-feira ameaçada", voltando com força: e as botas desistiram, esquecidas, paradas: será que, de fato, estamos condenados a ver o encurtamento paulatino de nossos dias? De temer por cada encontro com a sensitiva que anuncia serenamente a semana desdentada de todos, inexorável, como o nosso destino? Afinal, perdemos dias sem recuperação todos os dias, perdemos dias-dentes sem conta, com dor ou sem. O ditado "mais dia, menos dia" não corrobora o acontecimento natural, mesmo naqueles que não sentem dessa maneira? Como se sabe, não se deve fazer ouvidos moucos à retidão dos ditados: são uma espécie de sentenças certeiras cristalizadas pelo uso apropriado; uma verdade, enfim, posta à prova n vezes. A lucidez está com a moça que volta e meia aparece no mesmo pátio e vaticina: o déficit vai aumentando sem perdão, diminuindo o tempo que nos resta para chegar ao fim da semana e da vida. Ela usa a alegoria dos sete dias nomeados para nos despertar com suavidade da nossa alienação? Acredito que sim. Sua aparição, ao que parece, sempre silenciosa, meio dançante, me faz pensar desse modo. Mas, ao mesmo tempo, as bruxas não têm esse poder de encanto e atração? Depois desse segundo encontro, tenho evitado o pátio que é um belo arremate arquitetônico — uma espécie de implúvio — no centro da casa, moderna, estilo dos anos 1950. Se um temporal me pegar ali, é capaz de me levar pelos ralos do escoamento (ou esquecimento), ainda mais com o sumiço dos dias anunciado serenamente por quem tem o dom de prever desaparecimentos, ao que parece. O que seria melhor: esquecer os seus vaticínios, ou esquecê-la? O pior é que não vou conseguir viver em paz sem saber, de quando em vez, como andam os nossos dias e como anda ela com suas botas de guerra. Como continuar a viver sem os seus prenúncios enunciados sem drama? Como esquecer, enfim, o inesquecível, os dois encontros casuais no mesmo lugar e a sua capacidade de interessar-me? Por ela, por sua roupa e acessórios, e pelo que ela tem a dizer? E se eu encontrando-a novamente não perguntar nada, ou encontrando-a não conseguir calar e provocá-la lembrando-a da "terça-feira ameaçada"? Entre saber e não saber devo ficar, para sempre, na encruzilhada, plantado, esperando um desfecho qualquer que somente ela poderá desatar, deslindando-me do martírio da ideia fixa?

Uma questão moral

Sou pai. Todo fim de semana, sábado ou domingo, buscava minha filha M. na casa da mãe e saíamos para ir ao teatro, ao cinema, ao parque de diversões, a festas de aniversários, e o que mais viesse. M. fez cinco anos e era disposta. Como não sei guiar, não tenho carro, andávamos de ônibus, pois a grana era curta, e foi assim que ela começou a aprender a ler por intermédio dos letreiros das casas do comércio que iam passando pelas janelas dos ônibus; era uma espécie de cinema, quadro a quadro. Um cinema de palavras: corte e costura, farmácia, Casa da Borracha, material de esporte, Atroveran, Casas da Banha, Disco, Peg-Pag, futebol, Futurista, Casa Alberto, Veronese, Casa Reis, Casas Pernambucanas, A Colegial, Casa Mattos, leiteria, padaria, Lojas Americanas, O Pavilhão, Moraes, Chaika, Superball, Só a Rigor, cinema Roxy, igreja pen-te-cos-tal, e lá íamos nós soletrando, em voz baixa.

E quando cansávamos de letreiros líamos as placas de ruas e os nomes dos edifícios, como edifício Itabira, edifício Alone. Era uma boa diversão educativa. Tenho para mim que as crianças aprenderiam a ler mais rápido dessa maneira, em movimento, do que em cartilhas chatas e paradas. M. gostava da brincadeira e foi se aprimorando, e dizia quando completava a leitura de uma palavra desconhecida: "mais uma para minha coleção". E com o poder de fixação que as crianças têm, como que colava, uma a uma, no álbum da memória.

Num sábado, resolvemos variar: em vez de "aulas" de leitura, roda-gigante e algodão doce, de Pluft, o Fantasminha, das 20 Mil Léguas Submarinas e o seu polvo ameaçador, de festas barulhentas mais para os pais do que para os filhos, uma visita ao Jardim Zoológico, tantas vezes adiada. O sábado era espetacular. Embora verão, havia uma brisa fresca, inventada não sei onde, que eu até arriscava a pensar que o sol, o azul meigo do céu tinham sido emprestados por maio, por um dia somente. Dessa vez fomos de táxi, levados por um motorista tagarela e opinativo, que acabava cada sentença generalizadora com uma afirmação peremptória: "Não é mesmo?". Nesses casos, o melhor é concordar automaticamente, mesmo se as generalizações forem absurdas e simplistas, como costumam ser. Apesar de você se sentir estranho, para dizer o mínimo, a sensação de ser ou pensar, o avesso do que você costuma ser e pensar, absolutamente isento de nuanças, tinha algum interesse. Um não hamletiano, sem dúvida, pelo menos acaba sendo menos cansativo, mais sonolento, para os mais simplificados, nos domingos banais e melancólicos, que nos são dados viver.

Chegamos! Apesar do dia favorável em tudo (menos o motorista ditador), havia pouquíssimos visitantes. Um punhado, na entrada, de umas catorze pessoas no máximo. M. ainda passava pelo arco de metal que media a altura das crianças: se o ultrapassassem sem se curvar por baixo dele, não pagavam entrada. Quase que forcei M. a submeter-se a essa humilhação. Ela gostaria de ter um pescoço e pernas de girafa para ser barrada pela fiscal de saia preta curta demais. Em vão: passou com folga e com raiva, quase em lágrimas. Mas logo se esqueceu do pequeno sofrimento de ser ainda tão pequena ao ver um pavão que combinava com o dia: era um verdadeiro arco-íris móvel e permanente. Até mesmo seus pés pareciam calçados por uma pantufa feita de penugens que encobriam suavemente o nervosismo estilizado dos seus pés de velha, de suas unhas, que pareciam ter sido aparadas. Existem pedicuros de pavões? Pelo menos para este (ou esta) existia. Achei que era uma fêmea devido à penugem rósea que a finalizava e do andar de salto alto, digamos assim, de modelo, na passarela de terra e esterco.

Agora, era o leão! A exclamação não serve para a cena tão esperada: o leão estava derramado, numa modorra de fazer gosto. As moscas pousavam sem parar no seu focinho e ele mal abria os olhos para livrar-se do incômodo. M. chegou a perguntar: ele morreu?! Chegamos no espaço do rinoceronte: surpresa! Ele não era blindado; no seu cangote uma horrível ferida sobressaía como um grito de dor. Comecei a achar que a visita ao Zoo não tinha sido uma boa ideia, ainda mais quando vimos de raspão as gaiolas onde pássaros voavam desesperados para o céu aprisionado por uma malha de aço. Na verdade, o Zoológico cada vez mais parecia um velório de bichos semimortos. M. andava quieta ao meu lado, talvez com a mesma sensação claustrofóbica sentida por mim e pelos "nossos companheiros de viagem na travessia da vida", no dizer drummondiano.

O passeio que tinha começado alegremente foi se enfarruscando. O dia de maio emprestado acompanhou a mudança no mesmo passo. De repente, uma correria: uma criança tinha caído no espaço reservado a um gorila; muita gente já estava dependurada na murada, inclusive nós. A criança parecia bem, devia ter uns três anos, estava sentada e o gorila se aproximou dela com um misto de atenção ou curiosidade, humana e animal. Ele olhava para ela fixamente; parecia avaliar que espécime era aquele; ela olhava para cima, para a pequena multidão, que gritava e jogava coisas lá embaixo: sapatos, guarda-chuva, comida para ver se espantava ou interessava o gorila em outra coisa; não adiantava; ele permanecia parado: hipnotizador ou hipnotizado pela companhia inesperada. Em seguida, num pulo, pôs-se de pé e estendeu as enormes mãos como querendo proteger o menino da gritaria; e logo arrastou-o pela perna para o centro encharcado do seu hábitat, movido, quem sabe, pela mesma intenção; a criança não chorava, parecia um boneco; os guardas do Zoo chegaram e, logo após uma breve conversa com um médico, atiraram para matar. A criança foi içada intacta. Nem um arranhão.

O falatório começou: "Era preciso matar o gorila?", "Não bastava afastá-lo com um pedaço de pau, com a enxada que um dos guardas tinha na mão, com um monte de bananas?", "Ou chamar toda a guarnição para arrastá-lo, assustá-lo, até feri-lo um pouco?", "Adormecê-lo com narcóticos?". Uma resposta da equipe do Zoológico dada por um veterinário foi ouvida, mal e mal: "O narcótico custa a fazer efeito e agita o animal", "E se fosse seu filho você faria isso?", "Matava o gorila?", "Não é um animal em extinção?", "Vocês trocariam a vida de um pelo outro?", "A vida animal vale mais do que a vida humana?".

Fui puxando M. pela mão para fora da agora multidão que deblaterava. Ventava. O tempo tinha virado. Trovoadas eram ouvidas cada vez mais perto. Já na rua procurei um táxi urgente. Antes de ele chegar, chegou a chuva torrencial. A natureza saiu da sua indiferença natural para com os nossos atos e palavras; ela tinha assistido ao evento de pouco mais de meia hora, e queria se vingar, pensei. Entramos no táxi; estávamos fugindo daquele julgamento. Não queríamos ser cúmplices ou culpados. O tráfego não andava, a gente não podia escapar incólume, tínhamos que escolher o caminho a seguir nesse dilema.

M. não falava nada. Nem eu. Não nos olhávamos. O carro esperava a nossa decisão? Só conseguiria sair dali se nos manifestássemos? Estaria enguiçado como nós? Nunca soubemos, tanto tempo passado, o que cada um pensou naquele momento sobre o que acabávamos de assistir. Não sei se ela se lembra daquele dia, daquele tétrico zoológico. Não vou lembrá-la. Eu me lembrarei sempre. Talvez porque tivesse escolhido, em segredo, o meu caminho escuro.

Longínquo atroz

Ao testemunhar tua aparição, descobri
que a proximidade, a mais intensa, se
dá junto da distância mais distante.
Juliano Garcia Pessanha

O título experimental, de trabalho, do livro *Rabo de baleia*, de Alice Sant'Anna, era um verso: "longe é uma palavra longa", talvez. A poética da autora não tem começo e fim explícitos: é sub-reptícia, insinua, mas não disserta. O título definitivo lembra a conhecida metáfora de Hemingway sobre o ato de escrever: deve-se mostrar, somente, o cume do iceberg e não todo ele, assim como não toda a baleia. À imaginação do leitor cabe, seguindo as pistas, completar a sugestão. A arte poética de Alice, portanto, é feita de substratos como esse verso deixado para lá, desgarrado e invisível, e agora, depois de um telefonema comprido com a poeta, comecei a escrever a partir dele.

De início me pergunto: qual a razão de esse sintagma (ou

sintoma?) não me sair da cabeça? Apesar dessa fixação, não conseguia me lembrar dele com nitidez, pois se embaralhava com outro título de livro de poesia, o de Gullar: *em alguma parte alguma*. Este aparece manuscrito, com minúsculas, na capa do livro e na sua folha de rosto, me fazendo sentir os poemas ali recolhidos como recortes, segmentos, de um único fluxo da aspiração, se espalhando.

A minha confusão, percebo, deve ser porque ambos falam de uma paragem longínqua e imprecisa. Se escritos em uma só linha "Em alguma parte alguma, longe é uma palavra longa" ou "Longe é uma palavra longa em alguma parte alguma" seria um belo poema com uma meteorologia incerta, um lugar imaginário, um não lugar, ainda não mnemônico, habitado como Pasárgada, por exemplo.

Um lugar, um limbo, algo que está prestes (ou não) a ganhar forma e significado ainda distantes. Incentivado por essas associações, consegui chegar a um poema concreto de Bandeira: nele, o substantivo *onda* ligado ao verbo *anda* e este aos advérbios *onde* e *ainda*, em marés sucessivas, me levaram ao mar debussiano, compositor celebrado pelo poeta no seu poema "Debussy". Não há mar na composição, mas um simulacro do seu sistema, através da figuração de um novelo de linha oscilante, para lá e para cá, com reticências pontuando os versos, mais perto do vaivém "marítimo" de perda e recuperação do que de gerar um movimento suspenso e sublime do desenrolar do "novelozinho de linha", uma espécie de velocímetro ou metrônomo do andamento da poesia entre vigília e sono, acabando por cair da mão de quem o manipula, e o poema para, mas continua como uma onda andando e desandando no seu *fort-da* incessante...

Mas essa localidade não tem pouso, nome, geografia. Ela é movediça, inventada quando em vigília, ou sonhada, quando não; naquele espaço curto, enfim, longo quando esses dois estados se entrelaçam e não se resolvem de pronto, e ficam inquietos, talvez por não ter nenhum fiel de balança à vista.

De todo modo, se pode especular; se é poesia ela cabe em qualquer pedaço de papel, por mais impróprio: desde o caderno circunspecto à tira rasgada na beira do jornal sem nenhuma perda substantiva e até mesmo em cima de um suporte surpreendido, tal como a palma aberta da mão recebendo o que a outra escreve.

Clarice Lispector escreveu metaforicamente assim, na palma da própria mão, no âmbito do próprio corpo, embora, na vida despida de metáfora, ela escrevesse com a máquina de escrever entranhada no colo, com um retalho de música de concerto ao fundo, no meio da casa, fumando, cercada de papeluchos de anotações, tal qual escamas de sua pele descascando sob o sol da criação sendo impressas no corpo textual, como tatuagens indeléveis, marcando a lembrança dos seus leitores, irremediavelmente. Diversos daqueles escritores metódicos munidos de cadernetas preparatórias, amparo inaugural do pensamento aleatório e nebuloso, se firmando naquilo segregado por ele, quase em segredo, na tábua da mesa deixando às vezes na madeira um vestígio do pensado, repensado, recalcado: um resquício da matéria, não completamente aproveitada (ou apagada) retratando o restante, cerebrino, que ficou à espera para todo o sempre de um ensaio de fantasia.

Este texto se iniciou com uma vaga ideia largada à margem. Alguma coisa abordando a distância (ou à distância), (d)a existência nesse páramo, vigente entre dois pontos: o da partida e o da chegada, como no percurso da fábula da tartaruga e da lebre. Mas o vento da deriva chegou sem previsão e a escrita, ao incorporar, nesse momento, de improviso e ao vivo, a tartaruga e a lebre, não conseguiu o desenvolvimento necessário. Apesar do esforço, não logrou objetivar, a contento, a subjetividade inerente da fábula anunciada.

Todo um parágrafo, farpado de emendas e rasuras, foi cortado. A tartaruga e a lebre não ilustraram a página com suas modalidades distintas de tempo e o seu significado profundo. A distância continuou a ser uma terra de ninguém sem norma e continuidade — um território abstrato — sem legenda, ou, pelo menos, sem uma geologia sumária dos sentimentos informadores e deformadores da travessia.

Esse anseio se perdeu. A falta se faz sentir em quem escreve e de quem lê, creio; na mesa de quem escreve, na página estampando a sombra de quem escreve sob a luz, debaixo do silêncio da leitura.

Não obstante, a vontade de entender a distância, o vivido entre os dois extremos, entre a viagem e a morada, insiste, mesmo frustrada; o familiar e transitório no itinerário, o déjà vu se reformulando com seu mecanismo fugaz, orgânico, e de estranhamento, parecido com o engenho do sonho, com sua linguagem e ordenação "godardiana": um ir e vir indistintos.

Sendo assim, a continuação deste escrito é realizada sem norte e amparo: só resta a ela uma posição onírica, passiva por natureza, nos laços e desenlaces desenhando-se junto ao pensamento, desligados de outra mediação, apesar de ela existir, mas não de maneira clara e ostensiva, realizando-se apesar de si mesmo, pois a mão escritora, se é sua, não é a da sabedoria, mas a do experimento, arrastando-se no suporte paradoxal, seja ele qual for, torcendo e se retorcendo por seu fim e prosseguimento ao mesmo tempo, impulsionado por idêntico desejo contraditório.

Com isso na cabeça, a tentativa agora é de reunir num resumo os motivos emergentes, à flor da folha, germinantes, sabe-se lá como, ao correr da pena ou dos dedos digitais, sem bússola, bula e algoritmos disponíveis.

Como achar o nexo, através da escrita, das microssensações provocadas por um título afastado, oculto, e o outro exposto, público, além dessa enumeração desalinhada? Retorno, teimoso, à fábula da tartaruga e da lebre. Afinal, a primeira é a meditação e a segunda a velocidade do pensamento; dois atributos díspares, animando o cérebro, flagrando a distância entre elas. A nossa distância fundamental talvez seja esta surgindo no percurso escuro das duas raias geminadas se encontrando no infinito do mais longínquo horizonte alcançado pelo olhar.

Por isso mesmo, acredito não haver vitória nessa competição, como quer a moral da fábula. A tartaruga não se resume na ruga da meditação sábia, nem a lebre se reduz à cegueira da velocidade. Ambas se comunicam o tempo todo porque uma depende da outra para almejarem o impossível, por acreditarem que vão chegar a uma outra vida, à salvação, ao fim da aventura a descoberto, conjugadas. Cultivam nesse empate/embate, presas às respectivas estratégias, a ilusão de alcançar o não saber, ou quem sabe, ao título do CD de Arrigo Barnabé e Luiz Tatit: *de nada a mais a algo além.*

Faculdades

Jessica se vestia igual às outras moças. Camiseta, shorts, calça comprida, saia curta, bermuda, tênis, sandálias, sapatilhas de todo feitio, botas. O pátio, atravessado por um rio ameno, é grande, cercado de plantas no meio dos pilotis. Bancos por toda parte. Entre uma aula e outra a conversa em todos os tons atravessa o espaço adorável. Enfim, ela era como todas. Não teve a sorte de ser bonita, mas também não era feia. Era inteligente, sem dúvida. Falava depressa com todo mundo e às vezes não se entendia direito o seu fraseado instigante. Aplicada em geral, fazia todas as provas com acerto e merecia notas de razoável a boas. Por isso mesmo, seus colegas aceitavam quando matracava. Com o passar dos dias, dos meses, seu figurino se manteve sempre o mesmo. Blusa branca, calça comprida marrom, tênis acinzentado. Quando fazia frio, tirava da mochila pesada de lona preta um moletom peludo cor de chumbo com capuz que suava, digamos assim. Pouco a pouco, um aqui outro ali começaram a notar (principalmente as mulheres) a repetição da roupa, sem tirar nem pôr. Podia-se notar que a vestimenta única ia sendo costurada com cuidado. Não havia variedade, embora o vestuário estivesse sempre como que lavado ou pelo menos em bom estado. Se pintava pouco: um risco fino de batom e mais nada. Jessica era bolsista e isso a incomodava, como se fosse uma marca. Os anos foram passando e vários alunos escolheram suas profissões: engenheiros, advogados, arquitetos, médicos etc. Alguns trocavam de destino ou desistiam. Jessica foi até o fim e se formou em história com louvor. De vez em quando encontrava com alguns colegas por acaso. Algumas moças se casaram. Jessica, não. De vez em quando telefonava para falar com alguém. As conversas telefônicas foram se tornando mais e mais ríspidas, com a voz apressada de Jessica. E volta e meia o falatório dela agredia quem a escutava em crescendo. Muitos desligavam, não atendiam mais o seu chamado. Outros mantinham até como uma provocação continuada, zombeteira. Perguntavam se já tinha trocado de roupa, se usava um vestido vermelho berrante, se tomava banho todo dia. Jessica respondia aos berros. Ela dizia que tinha muitos bolsistas que escondiam essa condição; que ela não, não mentia nem disfarçava. Que ia espalhar para todos saberem a mentira dos outros. De todos, perguntavam? De quase todos, respondia! E também os que não pagavam as mensalidades corretamente. Que tinha sabido que uma tinha chupado o pau do professor para obter notas boas. Que o outro professor era veado e muitas outras coisas mais que ela ia botar no jornal ou na revista *Veja*. Do grupo do qual ela fazia parte muitos romperam para sempre. Outros achavam que não, que deviam procurá-la e saber o porquê daquela fúria dia após dia. Duas amigas dela resolveram marcar com Jessica uma praia, já que os dias estavam lindos. Assim foi feito. Elas queriam, no fundo, acertar as contas. Os dois primeiros telefonemas não foram calmos. Afinal, Jessica tinha destratado vários amigos sem a menor consideração. Chegaram até a xingar-se, mas foi tudo se acalmando debaixo de um céu de verão. Combinaram, então, o horário; moravam em bairros diferentes: Copacabana, Tijuca e Urca. Nenhuma tinha carro. Custaram a acertar sem um bate-boca como iriam se encontrar sem muita dificuldade. Cada uma usava um modelo de biquíni, não ousado, e queriam "pegar uma cor". Duas vieram de táxi. Jessica, usando uma canga estampada, foi de ônibus e pensava: "não preciso me queimar nem um pouco".

Cão feroz

Cão feroz é uma placa de metal pregada no portão. Cão feroz em caixa alta, em relevo branco, sobre campo azul. Cão feroz é o título da casa. Cão feroz é pura retórica para os visitantes. Cão feroz late súbito. Cão feroz não tem raça, tamanho, marca. Cão feroz não tem nome próprio. Cão feroz nasceu nas entranhas. Cão feroz aparece mais de noite. Cão feroz de dia é mais espacejado. Cão feroz só morde no escuro. Cão feroz não vai cruzar. Cão feroz não vai fugir. Cão feroz não usa coleira. Cão feroz não passeia. Cão feroz confinado por natureza. Cão feroz não tem necessidades. Cão feroz não come de tudo. Cão feroz não tem dono. Cão feroz avança, movediço. Cão feroz não lambe. Cão feroz fareja. Cão feroz tem um dia interminável. Cão feroz escuta. Cão feroz depois do muro. Cão feroz atrás da porta. Cão feroz fuça. Cão feroz monótono. Cão feroz não tem filhos. Cão feroz não tem pai nem mãe. Cão feroz não tem irmão. Cão feroz ideia fixa. Cão feroz refrão. Cão feroz pega. Cão feroz vai pra cima. Cão feroz fiel a si mesmo. Cão feroz não dá folga. Cão feroz se repete. Cão feroz xerox. Cão feroz resiste ao banho.

Cão feroz não dorme. Cão feroz é sexto sentido. Cão feroz é reza forte. Cão feroz e seu ranho matutino. Cão feroz de guarda. Cão feroz veraz. Cão feroz não vaza. Cão feroz contido por oito letras e um espaço apertado. Cão feroz contra-ataca. Cão feroz não larga o osso estranho. Cão feroz feito de histéricas lágrimas de raiva. Cão feroz de surpresa. Cão feroz é tradução feroz de cave canem. Cão feroz não sai do pé. Cão feroz de fé e de ferro. Cão feroz diário. Cão feroz não descansa. Cão feroz tem mau hálito. Cão feroz não esquece. Cão feroz encarniçado. Cão feroz tem uma vida de cachorro. Cão feroz dolorido. Cão feroz assalta. Cão feroz se desdobra. Cão feroz mordente sete vezes. Cão feroz baba. Cão feroz invisível para as visitas. Cão feroz enfezado. Cão feroz em riste. Cão feroz não é de paz. Cão feroz ouve sem parar a guerra angustiosa e sub-reptícia no jardim e dentro de casa. Cão feroz agudo uiva em u maior opus um e único. Cão feroz não brocha. Cão feroz arreganhado. Cão feroz é pau. Cão feroz cacete. Cão feroz é um modo de ser. Cão feroz sistemático. Cão feroz ferrolho. Cão feroz é maralto. Cão feroz tem horário rígido. Cão feroz não tem morada. Cão feroz sem eira nem beira. Cão feroz não usa mordaça. Cão feroz avisa e se publica. Cão feroz frio e firme. Cão feroz cheira mal. Cão feroz indomesticável. Cão feroz não cabe na página. Cão feroz extrapola. Cão feroz pula. Cão feroz assusta quem passa. Cão feroz fora da pauta. Cão feroz não deixa passar a mão. Cão feroz não guia ninguém. Cão feroz é onipresente. Cão feroz faz das tripas coração. Cão feroz instantâneo. Cão feroz indefensável. Cão feroz impedido. Cão feroz lugar-comum. Cão feroz não tem hífen. Cão feroz a rigor. Cão feroz não deixa ninguém parar defronte. Cão feroz ligado à campainha. Cão feroz há tanto tempo. Cão feroz ininterrupto. Cão feroz sempre ali e além. Cão feroz não freia. Cão feroz instintivo e íntimo. Cão feroz todo dentes. Cão feroz mórbido. Cão feroz não sossega. Cão feroz é escrita automática. Cão feroz subverte a ordem sintática. Cão feroz morde a mão que o escreve. Cão feroz transtorna a calçada e a rua toda. Cão feroz vem do subterrâneo. Cão feroz não tem culpa. Cão feroz não tem perdão. Cão feroz não desanda. Cão feroz não divaga. Cão feroz não enlouquece. Cão feroz é câncer. Cão feroz fermenta. Cão feroz quer chegar ao fim da página. Cão feroz não quer acabar. Cão feroz implacável. Cão feroz quer passar para outra página. Cão feroz caligráfico. Cão feroz não para de cair dentro da bocarra da toca. Cão feroz família. Cão feroz obsessivo. Cão feroz não tem por quê. Cão feroz substantivo. Cão feroz não faz parágrafos. Cão feroz não dá espaço na mancha gráfica. Cão feroz contraditório. Cão feroz marginal. Cão feroz manuscrito, datilográfico, digital. Cão feroz cambiante. Cão feroz quase chegando. Cão feroz textual. Cão feroz emplacado. Cão feroz solto. Cão feroz continua mesmo que a folha termine e não haja outra. Cão feroz é um apontamento. Cão feroz

Poemas em prosa

A cidade se abre como um jornal: flash flã flagrante na folha que o vento leva, no grito impresso que voa, na voz, com a manchete: LUTE NO AR, atravessando as veredas da avenida, sob a paixão do sol, e das montanhas teatrais que cercam, com grandes gestos de ópera, a cidade. O primeiro arranha-céu foi a pedra do Pão de Açúcar: monumento onde o mar se amarra, o mato cresce no pedestal e o abraço da baía completa o cenário — o lugar-comum —, o que já estava escrito pelos cronistas lapidares e por mim, quase com as mesmas palavras.

Todo céu é anônimo, embora os cartões-postais tentem localizá-lo. Este aqui está sobre as ondas desenhadas, pedra por pedra na calçada litorânea. Um diagrama, em preto e branco do movimento do mar defronte, como se fosse um pedaço de filme antigo: um dia de mil novecentos e cinquenta em Copacabana, Oceano Atlântico.

Leve uma sereia de souvenir, ao vivo, molhada de suor, mas se não puder leve sua pele sem pudor, ou o vídeo do mar onde ela vive e espuma. Onde a onda do seu corpo, presa em flagrante, pega impulso e apanha, antes de quebrar, todo o olhar do sol. Ler na areia, na revista do domingo, que ficou para trás, no fim da tarde, que a praia é a permanente risada do mar. Ver nas fotos, nas páginas viradas, os mesmos coqueiros que pressinto aqui, em ordem unida, perfilados, sentinelas — estáticos e estéticos — defronte do horizonte. E impressa no céu, a Pedra da Gávea, os Dois Irmãos, onde passam e pousam inúmeras nuvens, que são falsos anjos que se desmancham.

O círculo cinza cinge o campo: cinto de ferro, abraço de pedra. Curvas calculadas no cimento: cruas marquises marcadas, as rampas se arrumam. Rimas, ritmos, rumos rodeiam o estádio estático à escuta: elipse sem lapso, degraus granulados de concreto armado. Plantadas a prumo, as multidões aturdidas, as torcidas em tumulto no atordoante alvoroço, na balbúrdia de brados, na batalha de braços, bandeiras e bocas, desfraldadas, abertas. O gramado se franze, inflama as arquibancadas, balançam as flâmulas ágeis com a ginga do jogo, que gera um gesto, um grito — gol! Tudo, então, é um Maracanã sem amanhã: susto de montanha, detalhe de mar morrendo — o sol sumindo.

Aqui, nessa cidade mui leal etc., onde flecham os sãos e os santos, nos dias elementares das favelas, escrevo em todos os sentidos. E com todos eles, é meu ofício, luto por um lugar ao sol, na praia cheia e no domingo, embora possa me queimar. Mas quem saiu na chuva é para deixar — vale o escrito e o escarrado —, como é costume neste sítio, o dito pelo não dito.

Encostado no céu, o Cristo, cercado de antenas de TV, assina em cruz todas as folhas da paisagem, autentifica o panorama, o Corcovado, sobre essa baía que também abre os braços, e é a paixão dos Fortes, e que só um pintor de domingo, apoiado no paredão da Urca, saberá retratar em veras cores, o amanhecer e o pôr do sol arrebatados, que por aqui ainda se fazem, antes que aluguem até o olhar desse lugar e construam uma torre, um edifício — ad infinitum.

A cidade me rende mil montanhas, o mar, que de tão onipresente não é mais visto, nem a maresia, sentida. O céu passa abreviado, o coração para sob o sol obrigatório, que continua batendo até o suicídio de cada dia, de todas as cores, na noite, onde morrem convictas estrelas traçantes, no palco armado para a lua.

Montagem

Para, por ordem de entrada:
Ana Martins Marques
Matilde Campilho
Sofia Mariutti
Rosa Costa Ribeiro

Como é o sol na rua Alumínio? E a lua, continua? A lateral arrepiante da Ferrari Testarossa que voa em vermelho. Me pareceu fazer parte do circuito de um poema achado por acaso, de José Paulo Moreira da Fonseca, chamado "Um galgo": "Mesmo quando imóvel, vemo-lo correr/ Como se aquelas formas sonhassem/ Com uma inacessível distância". E mesmo no ar imóvel os seus cabelos criam a ventania como se você estivesse no dorso, em pelo a cavalo do vento e da sua crina, despenteando a raia, a reta, a pradaria. É a primavera chegando colorindo o seu abrigo onde as cores se beijam antes de se transformarem, na extensão de sua mão, em oferecidas e saltitantes buganvílias vermelhas que combinam com a fuselagem e com a rosa no peitoril não uma reunião só de pétalas mas de pessoas ao seu redor enquanto o vaso de cristal na beira da pia não estava *brisé*. Ele foi breve e esvaiu-se de uma vez como se fosse feito da água que segura e reúne, escorrendo pelas mãos abaixo: mas o copo de leite resistiu incólume. E este "brinco de palavras" e filamento feito de sua própria cintilação trêmula acompanha o colar de pérola do sorriso.

Historieta

Ela gosta de gatos e passarinhos. Fala pouco e parece que sai escondida de si mesma. A janela principal do seu apartamento está sempre aberta. Nem quando chove a chuva entra sabe-se lá como. Nem nos dias frios a veneziana é fechada. A vizinhança não escuta um pingo de música, de falatório. Às vezes penso que a escuta. Ouço um sussurro baixíssimo com alguém mas não consigo pescar nada direito: é um canto, talvez um sussurro. Mais do que isso não é possível. Seria um namoro secreto? Afinal somos vizinhos. Os dois apartamentos colados um em cima do outro. Raríssimo a vi mais entrando do que saindo. Tantos anos passados a desconheço quase completamente. O que vejo no peitoril da janela dela são um gato e um passarinho.

Não atacam, nem se espantam. Um e outro pousam ali amigos, digamos assim, que toleram sem botes um do outro. Chega a parecer que são pequenas estátuas. Mesmo de noite estão lá fixados, pregados eternamente. Mas não. Eu ouço de noite o ruído educado das asas e o miado. Abro às vezes a minha janela devagar ou de surpresa e eles não estão me surpreendendo. Cheguei a imaginar que escrevi ou sonhei duas gatas assim: que uma gata de cima se comunica com a de baixo, pelos olhos. A de cima, mais exposta, quase se transborda pelo olhar, mas se contém a tempo, e tremeluz. A de baixo, escondida, disfarçada durante o dia, se revela à noite: seu afeto gratuito e sem planos pela companheira que se revira para dentro, inconsciente da atenção da outra, que entende o belo amor possível.

Pássaro flechado

Inspirado na fábula "O pássaro flechado",
de La Fontaine

Era uma vez um quarto onde só cabia um espelho. A vida quis que a cada manhã nossos olhos se encontrassem. Eu, nós, com os mesmos laços, sem recuo ou armistício, íamos nos amarrando. O tempo nos flechava ali, iguais, imóveis, indefesos neste campo aberto e íntimo onde a seta emitida era pontilhada pelo olhar familiar — que vê através — e nos alveja, dia a dia. Num extremo, a ponta que alcança e fere, no outro, a pena ambígua que dirige o voo certeiro e irrefletido. Ponta e pena disparadas sem piscar, automáticas. Ponta e pena apuradas mais pelo destino do que pelo desejo.

Armando esboço de um romance

Estou aposentado. Antes de ficar velho completo cismei que devia ou deveria escrever um romance. Nem sei direito a causa. Afinal, nunca fui um escritor. Li de vez em quando um livro ou outro sem grandes encantos ou descobertas necessárias. Pensava que devia gostar de uma mulher que usava uma saia curta que mostrava pernas perfeitas sempre para atrair qualquer homem musculoso com um pau considerável. Tinha que ser assim. Sempre assim; louro, crespo. Podia ser um negro que suasse também. Acabou sendo este mesmo que trabalhava na estação do trem. Mãos que apertavam os peitos que gemiam fazendo prazer e dor misturados. A casa dela era pequena: um apartamento com um quarto pequeno, quase todo atopetado. O chão da saleta era arranhado. Às vezes pisava nos tacos pisando sobre farpas furiosas. O banheiro com um chuveiro que espirrava pouca água ou quase nenhuma, tanto no inverno ou no verão. A latrina era escura por mais que se limpasse. Urina e merda muitas vezes não engolia, não conseguia, e aquela pasta boiava com baratas súbitas subindo e escorregando pela boca da louça velha e quebrada aqui e ali. Não vivemos juntos. Encontrávamo-nos lá pela noite e nos agarrávamos no meio de gritos que não sei se de prazer ou de dor. Certo dia a minha amiga quis morar com ela. Como assim? Como caber se só um cabe? Mas dormir junto, aferrado, pode ser gostoso, disse a outra. Quem era a outra? Não tinha espelho no quarto e ele, eu, esbarrávamos entrelaçados. O gosto de um, de dois, de três como que se grudavam. De manhã cedo, foram se desgrudando. O calor estava subindo a escada da manhã em grandes passos. O trabalho urgia cada um para o seu lado e à sua hora. O quarto fica sozinho. Os muitos insetos começaram a catar pedaços minúsculos espalhados na mesa e todos passavam o dia inteiro buscando pelos cantos do chão, da parede, do teto. As baratas eram muitas com suas cores vermelhas envernizadas, às vezes voavam sem saber voar. De vez em quando podiam surgir surpreendentes em branco e as aranhas de todos os tipos sempre silenciadas como que assistiam ao ir e vir. Os moradores quando viam procuravam esmagar umas e outras, que se inseriam nas frestas, de vez em quando apareciam ratos, ratazanas grandes apareciam procurando o que podiam achar: umas e outras, de repente se esbarravam não sei se para lamber ou mastigar as duas confusas. Não posso esquecer das mariposas negras. Um dia não sei mais quem (será que fui eu?) entrou pela umidade da boca de alguém o que pareceu um morcego rasante. Enquanto isso o apartamento foi se esboroando e quando possível remendado. Tinha perigos, cada vez mais. Quando chovia o telhado ia perdendo resistência e o trio ia amparando. Resolvemos abandonar o ap. que não aguentava mais. Vamos ter que viver num lugar distante. Conseguimos uma casota toda perfurada. Nenhum de nós procurava um arranjo. Nem uma limpeza, uma varredura razoável. Trabalhavam o dia quase inteiro. Um era mecânico, outras cozinheiras que chegavam tarde, tarde, cansadas, mas como se aliviavam trepando na noite curta quase todo dia. Vizinhos reclamavam dos gemidos, gritos, brigas quando o latagão brochava ou queria apenas ser chupado. Elas, então, faziam o mesmo: enfiavam as caras num 69 pentelhudo e dormiam assim sem travesseiros. Sim, sem travesseiros. O final do romance está todo atrapalhado. Sou eu a personagem ou é outro? Quem é quem que não sabe escrever direito? Quem sou eu ficcional ou é um de carne e osso que escancara a sua vida? A intenção foi construir confusamente e destruir de propósito rasgando as folhas verdadeiras ou querendo ser literárias, misturadas por um homem mais velho que não faz mais a barba, que não vai ao dentista, ao cinema, a andar descansadamente na calçada, e esquece o que deve ser escrito e não pensado apenas, o que foi inventando ou não, ou foi pura verdade feita por um lápis grosso bem apontado. De todo modo vou começar o pretendido romance. Comprei um bloco vagabundo e sento na cadeira me arrastando na mesa arranhada.

Corte de linhas

Sua morte é o recreio desta. Ouso sentir, sem segurança, o que o corpo não utiliza a não ser na morte. A bala do acaso que a morte dispara. A morte é nada ou tudo que se despe imóvel. A morte aguarda no silêncio no intervalo entre uma entre outra entre cada batida do coração. Por dentro, a morte se movendo atrás do pano, em pânico, de estar sempre pronta e desgrenhada para entrar no palco e ter que morrer e errar, de repente, ao deus--dará, na boca de cena, com a boca no mundo, a cada momento, da longa vida. Amor e rancor, até hoje, em trança, apertada por nós, que não se desatou com a desordem da morte. Os erros da minha mão que apalpa a própria morte, que avança armada até os dentes. Cair na pele de, com o cassetete em punho, e espancar até a morte. A morte em morse. Até que a morte nos separe ou a vida comece a cortar. O esquadrão de ouro da morte no corredor. Ninguém está de férias no espelho: somos só sentinelas até a mor-te. Um visual feito de fantásticos sinais em código-morte. Capaz de morte — aerodinâmico. Com o rigor que a morte pede e de-pois no subterrâneo perde-se de encontro à pedra, ao mármore, para apodrecer bruto, arrebatado, terra adentro, até os dentes, sem cara, com a carne e a alma lutando, tendo os ossos no meio. boca de rato. morte. não há saída viva da vida. A vida vem com a morte implícita. A morte a contornou. Luz aberta, durante dias, ininterrupta lâmpada gastando-se sempre em frente, horas a fio, oração comendo, olhos, contas, a terra, para a qual nenhuma água basta, nenhuma estação perfuma a pétala com a marca da lembrança da cor entre as páginas. Entre vida e morte só vive o que é estátua o que está no espelho para sempre: luz de carne estática, ininterrupta. A campainha da cigarra que ninguém atende. Toca até a morte. A morte são os óculos sem meus olhos, com as órbitas vazias e lente inútil. Sua morte empurrou minha mão. A morte te denuncia declama, declina, o dia a dia do corpo do seu nome. A morte da morte morde o ombro, chamam-me cordeiro, e meu nome prevalece — com a força do leão. O corpo que arma e desarma minha morte em armadura de treva. A morte se transmite em código. Dia corriqueiro que a vida e a morte transpassam indiferentes. Cabo de guerra, vida e morte que vai puxar até partir, em cima do que é mina ou fonte. Nem na hora da morte se tem o nome certo para encomendar o corpo que passou. A rua áspera se rasga, novamente, insensível à morte que a pontua. Entre cadeira e cama, a mesa é o veículo do intervalo, posta para escrita, comida e morte. Gosto de terra difícil que a vida e a morte disputam: rebento, passado, neste palmo. "numerando até a morte", principalmente o inominado. A morte de um amigo impressiona mais do que a morte dos pais feitos para morrer. A morte de um amigo reflete a minha morte antes de ela ocorrer por onde eu passo. Só a morte vai limpar sua mancha na família. A arte de perder é movida a sofrimento porque de morte é feita vagarosamente. E nunca a nudez foi tão nua, embora o lençol a cobrisse por completo se debatendo entre amor e morte. Marcada na carne e na terra, que vive, e mesmo que não morra, não esquece da morte de raspão ou em cheio. Suicidas não se matam somente. Matam a morte no duelo do dia a dia e empatam o jogo da vida inteira. Escrever sobre minha morte não acerca de, mas em cima, sem falar em caixão lustroso, de preço, onde estarei preso para apodrecer, como fazê-lo? Ao fechar o armário, o espelho da porta, o de dentro e o de fora me encaram, por um segundo ou dois, antes do rangido da fechadura: a moda é o modo da morte. Quer matar mesmo que for com a própria morte. O corpo prepara a morte à revelia de quem vive. Corpo terrível que não me deixa parar de sentir e andar na beira da vida, que já experimentou de tudo desde o começo do seu tempo e só é virgem de morte. Escrevendo contra a morte. Ódio de mim mesmo por ceder à morte inaceitável. A morte experimental do sono volta à sua mortalha silenciosa. A perfeição da morte longe da mortalha de Minas no esquife que estala. Escreve para além da morte? Preferiu o espaço abrasivo do deserto, da falta, do furo de dor na perna, da trilha de dor na perna, da trilha traficante de certeiro fim, e juntou sua morte à do outro. E assim vão os dois, fiéis até a morte mútua. Se reuniram no medo, na morte: prevista, calculada, aos poucos. Pingue-pongue seria seu jogo e codinome, pois é jogo de quem pisca e pensa rápido através dos traços velozes da vida plena e da morte súbita de cada ponto. Voz a voz, através do dia do rio, da via do imaginário não conseguindo doar-se no claro da vida, dividido(a) no arrepio da lei ilusória, a morte te denuncia, declama, declina, o dia a dia do corpo do seu nome: diador, diadema, diadorama, diafilme, diah!dorim. Entregue às traças da noite, aos mil e um cupins de mim, aos meus odores, às dores, mereço a morte, o medo desmedido, o lento furo do pingo da gota sucessivo, da bica sem conserto. Ameaço com minha morte com meu medo, no meio da sala, a mulher que não erra, chora de raiva, o filho que não ri e soca as paredes sem disfarçar os pés inchados ameaço a todos com o melodrama em um ato. As partitas digitadas, a arte da fuga, que não dá folga e escape à morte quando as notas fazem a única música possível do/e para o pensamento escandido de deus. Pistolas nas mãos de metal — metralha a morte nos muros. A máquina se move a morte mastiga trilhos trincados, corpos & carros. Escrevo para o além da morte. Morte a postos. Desde o dia zero, uterino. Se a lei da natureza do corpo fosse isenta de dor nos dias finais, ela seria mais humana.

ELES

Perseguindo Sussekind

Livro de cabeceira. E atenção: a história é verídica. A voz e a vida, a confissão e a ficção dessa literatura calcada em documentos e testemunhos, estão de tal forma entrelaçadas que a epígrafe perfeita para a arte de Carlos Sussekind seriam os versos de outro Carlos:

Aquilo que revelo
e o mais que segue oculto
em vítreos alçapões
são notícias humanas,
simples estar-no-mundo,
e brincos de palavra,
um não-estar-estando,
mas de tal jeito urdidos
o jogo e a confissão
que nem distingo eu mesmo
o vivido e o inventado.
Tudo vivido? Nada.
Nada vivido? Tudo

Diante dos dois Sussekind — suscetíveis a tudo — que assinam e preparam esta armadilha para Lamartine, só podemos pensar em defini-los usando as palavras de Bartleby, o escrivão, da novela de Melville: "era um desses seres sobre os quais nada se pode dizer com certeza exceto quando colhido nas fontes originais".

Um Sussekind é um quase espelho do outro. Aparentemente e, à primeira vista, se refletem. Mas na verdade se especulam. Não há, portanto, nesse memorial, repetição de faces e gestos, e sim um duelo de ghostwriters, de Conselheiros Aires. O que existe são interfaces, contrapontos e uma suíte e fuga de movimentos familiares. Por trás desses escritos, existe ainda o moto-perpétuo de um diário-mar sem a rasura das ondas, e que, a cada momento, mistura mais e melhor suas águas, elaborando com esta alquimia novas matrizes, margens e possibilidades para o mergulho final em busca do tesouro, de há muito naufragado.

Em flagrante, na terceira margem

Foi Mário Pedrosa quem disse que o Brasil era um país voltado para o moderno. Talvez fosse melhor dizer: condenado. Esse destino, como costuma ser, não foi por nós, integralmente, escolhido. Estamos, isso sim, encolhidos ou encalhados nele, sem muito espaço de manobra, na borda do parapeito.

Se somos, portanto, muito mais momento do que memória, isto se dá porque hoje, mais do que nunca, estamos na periferia do que acontece. Quem se deixou colocar, não importam as razões, tão à margem só pode contar com a urgência do imediato e sem o luxo da reflexão. E não adianta negar e tentar tapar o nosso sol tropical, que não admite disfarces, antes os derrete, com qualquer peneira: os anos pelos quais estamos passando, de 1964 para cá para sermos mais exatos, puseram o país, que sempre esteve à escuta, a reboque do último grito, quase surdo, com certeza, por abuso do "telefone".

Se antes as notícias, as novidades estéticas nos chegavam com pontual atraso, como era lugar-comum dizer e lacrimejar, pois vinham a vapor, agora, quando as ideias culturais viajam por satélite, de quase nada nos adiantou essa velocidade, já que não somos, na verdade, donos dela, não estamos a bordo, e, por isso mesmo, muitas vezes, essas transmissões são sequestradas em pleno ar, sofrem panes artificiais e quando conseguem, superando obstáculos meteorológicos e casuísticos, atravessar as várias tempestades em copo d'água e alfândegas que o Ministério da Desburocratização e congêneres criaram e pisar, enfim, o chão brasileiro, seus passos, seus planos, podem ser impedidos, por qualquer razão particular ou general, de ganharem corpo, gesto, cidade.

Terceiro mundo, terceira margem. Mas é daí mesmo, desse lugar inexistente para os bem-pensantes, na periferia da própria periferia, lá longe, é que começamos, contra todas as previsões, usufruindo dessa liberdade clandestina, vira-lata, que os binóculos de campanha não conseguem enxergar, a construir nossas pontes, nossas passagens que, às vezes, conseguem, para espanto geral, tocar o mundo oficial, legitimado.

O que temos a oferecer a essa gente bem instalada que mais ou menos nos aguarda, nas salas de visita, vendo o que a Globo mandar ou nos cinemas assistindo o que, só por causa das senhoras de Santana, não podemos ver comodamente em casa, já que são as mesmas caras, as mesmas vozes, que contam fábulas semelhantes, o que podemos oferecer, afinal, não é esse disco, esse filme — eternos videoteipes do permitido, do consentimento na entrelinha —, mas sim o susto do inesperado, o surto, o avesso dessa produção domesticada, desse leão de papel couché, sem dentes. O que podemos oferecer é uma produção mal-ajambrada, como sói acontecer com o contemporâneo que tem essa marca de transitoriedade, esse estigma perene.

Foi o que aprendemos, entre tantas outras coisas, com Bandeira, Duchamp e Benjamin, para só ficarmos nesses autores. Eles, nas suas práticas, nos mostram como recortar e deslocar um momento, um objeto, uma ideia do fluxo geral, e trazê-los à tona da expressão, sem que eles percam, com essa mudança de nível e dimensão, nada de intrínseco, mantenham seu frescor, sua dinâmica, o "em flagrante" de suas vidas, acrescentada de possibilidade de novas leituras.

A partir, portanto, da imanência mais estrita criam, sem pompa nem circunstância, uma comovente e atualíssima transcendência. Os adjetivos triunfais foram descartados dessa operação, e o que restou foram só os substantivos. Em outras palavras: o moderno, em nossas plagas, é, na maioria das vezes, moda, aparência, roupagem. Mas o que queremos, agora, segundo as lições mencionadas, é a modernidade que não liga para roupa, mas não abre mão de apresentar com o seu corpo a situação, o contexto, deixando as mímicas e máscaras para trás através de uma tática consubstanciada no improviso, numa espécie de repentismo estético que surpreende o presente não por intermédio de sínteses pretensamente totalizantes, lerdas e datadas, mas procurando, na apreensão fulminante dos pequenos eventos do cotidiano, nos trazer, com a ajuda dessas incursões volantes, os fatos que nos fazem, na forma incisiva de uma reportagem, em que ação e reflexão, velozmente, se entrelaçam. Como se fosse um documentário de bolso ou um portátil caderno de notas que um pouco aleatoriamente vai se formando com endereços incompletos, telefones desligados ou que não respondem, de casas e casos abandonados.

É com a reunião desses fragmentos, que de tão miúdos passam desapercebidos dos olhos grandes e míopes de nossos gênios prêt-à-porter, que o contemporâneo, esse fantasma despedaçado, se arma, se articula, quase ao acaso, como um puzzle no qual sempre ficam faltando peças, na terceira margem do rio.

Se continuarmos a pagar, contudo, uma taxa alta por nossa produção ser tributária, em grande parte, de fontes geradoras internacionais, esse ônus, ao que parece inevitável, em vez de ser usado com o servilismo que tantas vezes detectamos, esse ônus, repito, deve ser transformado e surpreendido por novas atitudes e abordagens. Penso que devemos agir como se fôssemos ladrões de nós mesmos, marginais que roubam o que nos é "dado" e só aparentemente nos pertence. Ao realizarmos essa ação ingrata, vamos contaminar, ao máximo, os produtos culturais com nossas mazelas que, na verdade, nada mais são do que a nossa contingência, e com isso estaremos começando a resgatar nossa verdadeira identidade, a voltar a si, com a necessária urgência.

Portanto, batedores de carteira, uni-vos! Para que essa produção contemporânea tenha a nossa marca, nossa cara, nossa impressão digital, é preciso que ponhamos em prática não uma estratégia de apreensão do que ainda não aconteceu, deveras. Pois o contemporâneo é tudo o que está nos cercando, acontecendo e soprando. Assim ele deve ser encarado, como configurações incompletas, como devir e não como dever, perpétuos móbiles, sem princípios, programas ou fins determinados, a priori. Não são fôrmas, são formas.

Pode ser, sem paradoxo, vislumbrado no passado. No país ou fora dele. No que não foi feito, e lá ficou abandonado num eterno domingo, ruínas novíssimas, "esqueletos" de edifícios embargados, e está aqui e agora, proustianamente, na miscelânea dos anonimatos. Qualquer troco serve para matar essa fome. O contemporâneo é barato, está ao alcance de todas as bolsas, e só parece pedir que não o deixemos ser manipulado por mãos com luvas de pelica, manicuradas. Ele é moço e não se quer múmia.

Se somos, realmente, mais momento do que memória, como disse no começo, talvez estejamos, então, por uma simples posição cronológica, pela ordem natural das coisas, mais perto do futuro ou mais modestamente: do que vem por aí.

Três mosqueteiros

Para Francesca Angiolillo

Entre 1955 e 1957, a leitura intensa de quatro livros foi fundamental para minha formação: *Obras completas*, de Manuel Bandeira, *Fazendeiro do ar & Poesia até agora*, de Carlos Drummond de Andrade, *Duas águas*, de João Cabral de Melo Neto, e *A luta corporal*, de Ferreira Gullar.

Bandeira, naquela época, reinava sem contraste. Sua poesia, que mantinha em muitos poemas o perfil simbolista, como que legitimava as irreverências do modernismo. Elas estavam presentes nele — e como! — mas foi essa mistura fascinante de tradição e ruptura, de verso medido com requinte, ao outro, libérrimo e exato, que fez de sua obra um dos pontos obrigatórios de parada para qualquer aprendiz. Ele foi, em qualquer tempo, o nosso poeta mais naturalmente culto, melhor dizendo: cultivado. Em literatura, cinema, artes plásticas, teatro, música, sua palavra de artista, nunca de erudito, sempre foi pertinente e elegante.

Ainda hoje me espanta como o trivial, em suas mãos, ganha, sem artifício, um halo de estranhamento, um outro recorte. Imanência e transcendência, aqui, estão a um palmo, e o trânsito entre os dois campos se faz sem afetação de dicção ou linguagem. Mais do que faz fascinante, esse espetáculo de mestria técnica, perfeitamente assimilada, é comovente. A surpresa do leitor de quinze anos ao ler, pela primeira vez, o "Poema tirado de uma notícia de jornal" ainda está nos meus olhos. Duchamp iria gostar, como também amaria as três mulheres do sabonete Araxá.

A obra de Bandeira é o "Vademecum" da poesia no Brasil. No seu resultado enxuto temos uma concisa história da trajetória dela: das cadências portuguesas ao moderníssimo texto de 1963, quando opera uma desconstrução magistral do nome de Gonçalves Dias, ele foi sempre um francoatirador que não se deixava amarrar a nenhuma escola, nem mesmo àquela que ajudou a instaurar.

Sua modernidade provém, a meu ver, disso. Nada do que escreveu ficou datado, pois sempre esteve distante da moda, de formalismo ou do figurino vazio que esta impõe. Todas as formas poéticas estavam à mão, passíveis de serem mescladas. Podia-se ir e vir. Uma grande poesia que se fez assim; sem receita com a inspiração e a respiração indissociáveis e graciosamente casuais.

O outro era Drummond. O "gauche". O uma faca só lâmina de olhos azuis atrás de óculos de aço. Lá vem ele, econômico, pelo pátio do Ministério da Educação. O de versos surpreendentes e inesquecíveis. Como disse Hélio Pellegrino: "Eu não me entenderia direito sem sua poesia". Nem eu. Como entender o mundo, a vida "tão cotidiana", os encontros bruscos do amor, a metafísica, sem a ampla plataforma de lançamento de sua obra? Muitas vezes o acompanhei de longe, profundamente grato pela contemporaneidade, nas ruas do Rio. Como pode andar tão rápido, se não move os braços? Sua caminhada, por isso mesmo, parecia um filme onde faltavam alguns fotogramas. Andava por um corredor invisível que era só dele. Por essa razão, não esbarrava em ninguém, mesmo indo a toda, de cabeça baixa. Sua presença comum, funcionária, era, por paradoxo, formidável, singular.

Durante anos passou, na Graça Aranha, pela porta de um fotógrafo, que expunha sua foto na vitrine da calçada. Nunca o vi desviar o olhar para se ver. Era um claro enigma de eterno terno e gravata. Não obstante, quando procurado, a resposta era pronta, minuciosa, e a memória impecável, de arquivo. Sua voz ao telefone era a de uma máquina de escrever se as máquinas de escrever falassem. Não era íntimo, era público. Não se dava a ninguém, mas se doava a todos. Sua poesia falava do efêmero e da efemeridade. Mais que nacional é ecumênico. Minha impressão é a de que sempre programou tudo. Não houve acaso em sua vida, só houve destino. Sem se matar conseguiu morrer quando quis.

Duas águas foi uma inundação. Conhecia, de João Cabral, somente três ou quatro poemas que tinham sido publicados na *Antologia da poesia brasileira moderna*, em 1953, pelo Clube de Poesia de São Paulo.

O que mais admirei, ao ler sua obra completa até então, foi a ausência de altos e baixos, de desníveis evidentes na sua poesia. Passava uma impressão irreal: a de que tudo tinha sido escrito com a mesma mão, numa mesma hora, com a mesma intensidade, com o mesmo *mood*. Nada era deixado ao léu. Uma vontade titânica perseguia e exauria o tema escolhido, investigando-o fenomenologicamente, desde o cerne até a carne.

Escrevia como se fosse acendendo, uma a uma, todas as luzes de uma casa. Quando o leitor chegava ao fim, estava ela toda acesa, do porão à mansarda, sem chance para as sombras. Essa higiene combinava, aliás, com o retrato que eu via do poeta na antologia acima referida: rosto limpo e cabelo irrepreensivelmente penteado.

Sua poesia tinha extrema visualidade sem precisar para isso de fórmulas cosméticas ou reducionistas. E com a ajuda de uma dicção fluvial, penetrava, sem deixar furos, e preenchia, até a borda, sentidos e expectativas. João Cabral sempre escreveu de dentro para fora, substantiva e visceralmente, com a paixão controlada de um cirurgião.

Quando, em 1963, Manuel Bandeira me recebeu em sua casa no Castelo, e com generosidade apreciou os originais do meu primeiro livro, *Palavra*, que acabou sendo editado naquele ano, aconselhou-me que ouvisse também opiniões geracionais, tais como as de Ferreira Gullar e José Guilherme Merquior.

Procurei somente José Guilherme e foi decisivo. Foi ele, superpródigo em estímulos, que me fez vencer as últimas indecisões.

Não fui a Gullar. Como enfrentar seu ar D'Artagnan? Como encarar o autor de A *luta corporal*, que seis anos antes tinha me bouleversado tanto? Na ocasião, para melhor apreender a explosão de sua espantosa poesia, que punha tudo de pernas para o ar, comprei na Casa Mattos um caderno quadriculado para obedecer, com precisão, às suas espacializações, e copiei o livro, à mão, letra por letra, de capa a capa. Fui, é claro, um Pierre Menard mais tosco ou mecânico, mas isso afinal me bastou para o fim que eu desejava. Pois foi esse livro seminal, publicado em 1954, que me atirou, de maneira irremediável, na minha exata e perigosa contemporaneidade.

Se com Bandeira, Drummond e Cabral a leitura e admiração eram sentidas "de fora" sem tropeços, com Ferreira Gullar, pela primeira vez, me engalfinhava com o "outro", competidor e cúmplice, de carne e osso, e, portanto, alcançável em tese.

Quando a poesia de uma língua tem a sorte de ser trabalhada, sucessiva e concomitantemente, pelas mãos tão hábeis de Manuel, Carlos e João, os que chegam depois, para existirem, precisam ter para consigo mesmo um alto nível de exigência. Exigência no mínimo comparável àquela que, com certeza, também os atormentou, enquanto cresciam. A *luta corporal* dava uma geral na poesia do modernismo, e com sua radicalidade aberta, antidogmática, embaralhou de novo o jogo, dando oportunidade a outros para se sentarem à mesa e começarem a escrever.

"Compreende?"

João Cabral "falava pelos cotovelos". Essa expressão cai como uma luva se entendida não metaforicamente, mas aferrada à imagem, tal e qual, "sem plumas". Semelhante ao rio interior, escrito e escarrado, jamais copioso, com a sua água na conta certa, que vai a passo, lajeada, pari passu, com a outra água do rio externo, passando no pensamento. Pois o que eles, o rio e o homem, dizem, sai em linha reta, sem floreios, e vai até o fim do fôlego, e em vez de deter-se, vira a esquina — súbito, citadino — e continua o ditado, sempre em frente. Daí os cotovelos de suas sentenças, iguais ao traçado à régua dos seus versos, só admitindo ângulos bem medidos no firmamento, sem a incalculável nuvem indecisa: e mesmo se ela ousar, céu afora, João só vê o sol de acetilsalicílico, não dando atenção à sua possível trovoada, ao seu provável barulho de chuva, à sua sombra, mesmo que de passagem, porque teme — se parar a fim de esclarecer e cuidar para que nada saia do curso, pingue e derrame — ter que cortar o rio, submeter-se à sombra, interromper o que é tão imperativo, claro e firme, isento, na superfície, de escuro e umidade. Porque teme, enfim, esquecer-se, ou deixar que enguice e enferruje o discurso-escudo, há muito decorado, com o qual se defende não apenas do interlocutor buscando entrar na área interdita, até para o pessoal mais íntimo, como também de algo contraditório — assim como de si mesmo, extremamente. De algo que o salve da fuga do seu destino, por opção fabricado, de sua vida-ultimato. De algo que o desarrume e duvide, o tire da linha, onde o vento não sopra, onde Drummond não passa.

Compreendo.

João Cabral "falava pelos cotovelos", metaforicamente, também. Longe do rigor da composição, jamais confundido com a rigidez, era um homem idiossincrático, opinativo, engraçado, à Buster Keaton. Quando topei, pela primeira vez, com alguns poemas seus, em 1953, na *Antologia da poesia brasileira moderna*, tive uma sensação ambígua: se ele, naquela pequena mostra, passava em revista a dicção do modernismo, eu não podia abrir mão da mão despenteada modernista nem queria largar essa outra, nova em folha, que se penteava tão impecavelmente, como aparecia no retrato da antologia citada. Três anos mais tarde, em *Duas águas*, livro onde reuniu sua poesia até aquela data, pude beber em fontes diferentes: na que brotava em silêncio e na que jorrava em voz alta. O poeta, aparentemente inflexível, tinha, pelo menos, dois ramais distintos. Essa constatação fez com que os bons leitores da minha geração chegassem ao seu manancial sem se sacrificar na leitura menos imaginativa, mais ocorrente e reducionista, pois não esterilizavam seu verso fluvial, que não rejeitava impurezas, igual ao Capibaribe, em nome de uma "secura" higienizada, que nada tinha a ver com a sua visceralidade de origem. Não caímos na armadilha simplificadora de sua recepção: a de que escrevia sem as plumas das nuvens. A ameaça delas sempre esteve no céu limpo à força. Sua poética é feita desse duelo, entre sol e sombra, e seu autor, por essa razão, não podia se seguir ou ser seguido, ao pé da letra, já que era despenteado por dentro. Por isso mesmo amou, nunca de maneira resignada, mas com fúria, Drummond até o fim.

Cinco em um

Museu de tudo é de 1975. Com ele, João Cabral de Melo Neto recupera sem nostalgia, mas sim pela via exigente da autocrítica, maneiras de conceber o poema e o livro que o remetem às suas origens: a *Pedra do sono* e a *O engenheiro*. A advertência incisiva do primeiro poema é prova disto: "Este museu de tudo é museu/ como qualquer outro reunido;/ como museu, tanto pode ser/ caixão de lixo ou arquivo./ Assim, não chega ao vertebrado/ que deve entranhar qualquer livro:/ é depósito do que aí está,/ se fez sem risca ou risco". João Cabral foi severo em demasia para com seu livro, pois precisamente por ter sido montado "sem risca", trouxe para sua poesia novas construções e para seu poema novos desafios. Se o livro cabralino tinha a característica estrutural de ser organizado de fora para dentro, neste ganha movimento inverso: incorpora mais a circunstância, a imprevisibilidade temática e cronológica.

A *escola das facas*, de 1980, precedida por um poema-prefácio onde esse novo caráter mais emocionado de quem escreve sob pressão se acentua, declara: "Eis mais um livro (fio que o último)/ de um incurável pernambucano;/ se programam ainda publicá-lo/ digam-me, que com pouco o embalsamo". As facas desta escola, pretéritas e futuras, preferem o corte cego, urgente, sem maiores acabamentos, em vez de aperfeiçoarem, meticulosas, em incisões exatas. A antimelodia inaugurada é bela e memorável, juntando à escrita do Poeta um novo risco ou ritmo — rasgado, de telex — que encontra na "Descrição de Pernambuco como um trampolim" um dos seus ápices: "Trampolim Pernambuco/ não somente projeta:/ conservou suas praias/ e as janelas abertas./ O trampolim usual/ também salta às avessas:/ se imóvel é uma porta/ que o fermento penetra;/ é oficina que ensina/ a aguçar setas, pedras:/ quem melhor soube usar/ disso que Frei Caneca?".

Conservando, portanto, tudo assim aberto o "incurável pernambucano", que em 1954 escreveu um auto de Natal, trinta anos depois, com o *Auto do frade*, fabrica um cinepoema "para vozes", filmado com a caneta na mão e em diversos planos, o que o possibilita trazer para as ruas do Recife, de Frei Caneca, a pergunta que ganha imagens contemporâneas: "Ou será que é uma cidade/ toda de branco vestida,/ toda de branco caiada/ como Córdoba e Sevilha,/ como o branco sobre branco/ que Malevitch nos pinta/ e com os ovos de Brancusi/ largados pelas esquinas?". Se os olhos do Frade veem com a visão do Poeta, a voz daquele pode ser deste, quando diz: "— Acordo fora de mim/ como há tempos não fazia./ Acordo claro, de todo,/ acordo com toda a vida,/ com todos cinco sentidos", pois "Acordar não é de dentro,/ acordar é ter saída".

A saída é *Agrestes*, em 1985. O rigor de sua linguagem, tão Morandi, não é fetichizado de modo histérico e estéril e por isso mesmo não acaba aqui, neste agreste, primoroso, populacionado e fértil, embora se despeça no *envoi* do volume quando diz em "O postigo": "Agora aos sessenta e mais anos,/ quarenta e três de estar em livro,/ peço licença para fechar,/ com o que lestes (?)

meu postigo". E tanto não acaba que o mesmo poema que finaliza *Agrestes* fala como que por si: "Escrever jamais é sabido;/ o que se escreve tem caminhos;/ escrever é sempre estrear-se/ e já não serve o antigo ancinho".

A estreia agora é com um crime e alguns casos. Mas aqui, na *Calle Relator*, e em distantes lugares, a memória que os resenha e junta em 1987 — acrescentado outros inéditos — mais mastiga que fala. Não esvoaça, martela. Medita com seus botões em vários sítios, aparentemente em trânsito, já que na verdade está parada no seu canto, concentradíssima, com percepção telegrafista. Há de tudo nessas confissões e botões bem pregados: o tal crime que é um pecado pio; uma tartaruga que quase serve de lastro — de pedra — para um corpo suicida que se arrependeu em Marselha; um ferrageiro que poderia ser a imagem especular do poeta que o descreve; aventuras sem caça ou pesca, mas com sexo sorrateiro que começa a soletrar; um funeral na Inglaterra que me lembrou outro, na França, mostrado nas *Vacances de Monsieur Hulot*; um homem do farol que Rubem Braga tentou salvar e que também poderia ser outra versão do poeta que o celebra etc., e muito mais que foi ouvido e cheirado por este João *à la recherche*, que preferiu, com muito tato, trocar de sentido para evocar: do paladar para a visão (se bem que no começo mastigasse), e com a lição do Auden que lhe serviu de epígrafe, na ponta da língua.

Minha luta com A *luta corporal*

A *luta corporal* é um livro-bomba. Cinquent'anos depois ainda reverbera. Imagine em 1954 o barulho que fez. O volume reúne a produção poética de Gullar até 1953. Sua recepção junto à crítica foi calorosa. Até João Cabral que, ao que eu saiba, nunca saudou livro de principiante, pelo menos por escrito, num texto de 1954, publicado no jornal A *Vanguarda* e reproduzido, em 1997, na revista *Inimigo Rumor*, intitulado "Notas sobre os livros de poesia", acolhe, de maneira sui generis, aquela poesia "suja", melada, de um rapaz de 24 anos, dez anos mais moço que ele, e em tudo contrária à sua assepsia formal. Vale a pena a citação longa desse "parecer", pouco conhecido:

> O livro A *luta corporal*, com que estreia o jovem poeta Ferreira Gullar, mostra uma justa compreensão da arte tipográfica. Impresso em papel absolutamente pobre, sem nenhum desses adornos provincianos ainda tão usados entre nós para dar caráter de luxo a uma impressão cara, o livro é um dos trabalhos gráficos mais simpáticos publicados ultimamente. Podia dizer também

que é dos trabalhos gráficos mais inteligentes e um dos poucos a mostrar uma compreensão correta do livro, não como objeto de adorno ou mostruário de requintes gráficos, mas como meio de transmissão de determinada mensagem, tanto mais realizado quanto mais perfeitamente ajustar-se a seu texto e contribuir para sua completa apreensão.

Não sei se é a Ferreira Gullar ou a seu editor que se deve lançar o crédito por esse exemplo de um bom uso dos meios da tipografia. Talvez seja à própria experiência poética do sr. Ferreira Gullar e ao fato de que, em suas pesquisas com a palavra e com o verso, a disposição de pretos e brancos desempenha um papel essencial. Como quer que seja, cabe o registro desse bom exemplo de livro vivo, ajustado e servindo a seu texto, sem nada do simples depósito de poemas que vemos correntemente.

Pode-se perceber que, diante daqueles poemas que causaram rebuliço e foram saudados com entusiasmo por Manuel Bandeira, opinião que contava para João, ele preferiu, diplomaticamente, tirar o corpo fora d'*A luta corporal*, e deslocar seu elogio para o aspecto tipográfico, deixando a avaliação poética de lado, quem sabe por não saber, de pronto, o que falar, devido à novidade daquele universo em expansão, ou por não querer confronto, ou compromisso com uma poesia que, naquele momento, ia para o lado contrário da sua.

Não custa lembrar, contudo, que esse interesse tipográfico tinha sua razão de ser: por essa época João Cabral vinha de uma intensa atividade nessa área. Da sua prensa manual tinha saído, entre outros, *O cão sem plumas*, para a editora doméstica que havia criado, chamada O Livro Inconsútil.

Quanto ao público, em geral, houve um fato curioso: como o livro era vendido também por reembolso postal, muitos exemplares d'*A luta* foram devolvidos, pois os compradores achavam, pelo título, que se tratava de um manual de lutas corporais, estrito senso.

Quando, em plena mocidade dos meus vinte anos, vi o volume graficamente modesto nas mãos de um amigo, o saudoso Aloysio Santos Filho, cujo pseudônimo literário era Camargo Meyer, pude ler aquela poesia estranha pela primeira vez. Talvez fosse melhor dizer: poesia desentranhada, explodida, como que escrita aos encontrões, aos arrancos. O poeta partia da tradição: o livro se abre com uma sequência de "Sete poemas portugueses" que parece ser um acerto de contas feito às pressas, de cambulhada, com a dicção, nobre, da poesia realizada em nossa língua. Há esmero, mas é um esmero feito com a "mão esquerda", para usar uma expressão cabralina. Os sete poemas, na verdade, não seriam sete, pois foram escolhidos de uma série que não está completa na edição, já que a numeração começa no número 3 e vai até o 9. Interessante é que o poeta não quis mascarar essa exclusão, bem de acordo, aliás, com a atmosfera experimental, de oficina irritadíssima, que perpassa o livro todo. Os poemas que vêm depois da sequência mencionada parecem escritos por outro escritor, ou por um escritor em mutação, em metamorfose acelerada e crescente, pois assume escrevê-los, integralmente, com a tal "mão esquerda" referida acima.

Eu estava precisando deste "sacode": a geração de 45 massuda e neoparnasiana, mesmo com a dissidência nunca declarada de João Cabral, não me bastava. Nem o próprio João, "penteadíssimo", era suficiente. Em meados dos anos 1950, nada como os cabelos na ventania de Ferreira Gullar. Dava a sensação de liberdade recuperada do modernismo e que tinha sido engessada pelo bom-mocismo da geração seguinte, que fez até passeata ao túmulo de Bilac, e por isso mesmo merecia ser detonada.

Na época não tinha xerox e o microfilme era caro: resolvi então copiar à mão *A luta corporal* inteira, até para "sentir" melhor aqueles poemas, em caderno quadriculado, para obedecer às suas espacializações. Ao menos isso: ao menos ter a ilusão de escrever, de ser, no mínimo, coautor daquele livro formidável, como, talvez, Pierre Menard, do famoso conto de Borges, ao copiar, ipsis litteris, o Quixote.

Mais vivo do que nunca

Carlos Drummond de Andrade chegou a mim pela via oral em 1956. O presente de aniversário do meu pai nesse ano foi um disco do selo Festa, o primeiro da coleção criada por Irineu Garcia.

Do lado A, Manuel Bandeira; do B, Drummond. Engraçado que eu não pedi a ele esse presente. Estava mais perto do Fluminense, do jogo de futebol na rua, na praia, na mesa de botão. Afinal, a primeira coisa que fui foi Fluminense.

Agora mantenho a paixão, com certo respeito pelo Vasco, time de Drummond.

Comecei a ouvir o disco pela face A e me maravilhei, de pronto, com a poesia de Bandeira. Que coisa fina, que coisa linda! Tocava sem parar, trancado no quarto, como se ouvisse um segredo. Nem pensei no lado B por pelo menos um mês.

Um belo dia fui ouvir o outro lado do disco, como que guiado por Bandeira. O efeito foi de uma bomba: era incompreensível, e no entanto eu sentia em alguns relances que ele falava das minhas coisas mais secretas. Não precisava trancar a porta, ninguém entendia nada daquela poesia inesperada, monstruosa, que precisava ser decifrada.

Em verdade, Drummond é que me conhecia e não eu a ele.

Eu era aquilo que fui conhecendo aos poucos e até hoje, aos 78 anos, quando estou perdido, abro seus livros e sempre encontro alguma salvação. É a minha Bíblia pagã, com o mesmo peso.

Fazendeiro do ar & Poesia até agora, de Drummond, junto com *Poesia*, de Manuel Bandeira, foram os dois livros que ganhei logo depois que passei da via oral para a vida escrita. A sensação que tinha misturava êxtase e incompreensão. Os textos pediam leitura releituras atentas para serem compreendidos satisfatoriamente.

Nunca disse nada aos meus chapas de futebol. Soube, muito mais tarde, que Vinicius de Moraes também agiu assim: poesia era coisa de mulher e, naqueles tempos, dele e meu, não pegava bem.

Em 1963, acompanhado do meu pai, estive na livraria São José com o monstro sublime — Carlos Drummond em carne e osso — para entregar meu primeiro livro *Palavra*, cuja epígrafe drummondiana era "Palavra, palavra/ (digo exasperado)/ se me desafias,/ aceito o combate".

Fiquei mudo enquanto os dois conversavam sobre como a Semana de Arte Moderna tinha acontecido aqui no Rio de Janeiro. Sai com o seu livro *Lição de coisas*, autografado generosamente.

Minha admiração por Drummond veio crescendo com os anos. Sua poesia me explicava por dentro e por fora. Cheguei a fazer imitações de certos poemas, como "Morte no avião", para sentir se minha mão poderia escrever algo notável, se poderia escrever, por exemplo, "caio verticalmente e me transformo em notícia".

Fazendeiro do ar era e continua sendo meu livro-base. Encontro nele, sempre em nível de excelência, a dor e o amor da existência e da humanidade. Tudo acompanhado da música da sua alta poesia, que aumentava a sua escuta certeira e inolvidável com o passar do tempo. A experiência de lê-lo não servia apenas à arte poética, mas à literatura inteira.

Quando Drummond morreu [1987], entrei na capela do São João Batista à noite para o velório, antes do corpo, e vi que o funcionário tinha cravado, no quadro de veludo negro, Drummond com um só "M". Mais que depressa, corri para corrigir o lapso rezando para encontrar na caixa de letras outro "M".

Como deixar sair com erro ao lembrar do certeiro "Adeus composição que um dia se chamou Carlos Drummond de Andrade"?

No dia seguinte, entrei no cemitério de braço dado com Hélio Pellegrino; nem sei quem segurava o tremor do outro. Então um jovem repórter, Arthur Dapieve, veio ao nosso encontro e nos pediu uma frase sobre o poeta. Seguimos à risca. Hélio com sua verve inalcançável disse: "Eu não me entenderia direito na vida sem a poesia". E eu falei: "Drummond é maior que o Brasil".

Para nossa surpresa, no vestibular de uns anos depois, essas frases foram temas de redação.

Pensando bem, o poeta não deu adeus nenhum. Ele está entre nós, eterno, de ferro, sentado num banco à beira-mar tendo ao seu redor seus leitores permanentes. E quando voltamos a seus livros, parece que é a primeira vez.

Carta aberta: Poesia participante e praia

RIO, 9.9.99

Elio, amigo:

Heloisa Buarque e eu estamos fazendo, a pedido da Anistia, pela passagem dos seus vinte anos, uma antologia da poesia participante. As perguntas que me fez na última segunda-feira vieram a propósito, pois estou com a mão na massa e com a cabeça naqueles tempos.

Vistos em retrospecto, os poemas escritos contra o golpe, tipo "Violão de rua", ficaram irremediável e comoventemente datados, meros reflexos, itens de colecionador; já os outros, escritos sem essa deliberação explícita, ao correr da pena da reflexão, digamos assim, perduraram mais, não apenas como poesia, mas também como denunciadores do sufoco.

No livro que Heloisa, Marcos Augusto Gonçalves e eu escrevemos sobre os anos 1970 e que foi reeditado agora, eu fiquei com a parte de poesia. A certa altura do ensaio, quis fazer um

118

panorama, em versos, do aperto e do desencanto no qual se vivia. Me veio, então, um delicioso poema de Bandeira, da década de 1920, sobre o cotidiano burguês; juntei a ele um do Ferreira Gullar, menos explicitamente "engajado", um do Francisco Alvim e outro do Guilherme Mandaro, poeta marginal, marginalizado demais hoje em dia, e que morreu, no começo dos 1980, na mesma rua Tonelero da Ana Cristina Cesar, da mesma maneira, e logo depois dela. Com a reunião desses três poetas, cada um no seu exílio, na década de 1970, e tendo o *spleen* bandeiriano como estopim, a náusea existencial e "ideológica" aparece, retratando a derrota da nossa geração diante dos fatos. Veja só:

PENSÃO FAMILIAR
Jardim da pensãozinha burguesa.
Gatos espapaçados ao sol.
A tiririca sitia os canteiros chatos.
O sol acaba de crestar os gosmilhos que murcharam.
Os girassóis
amarelo!
resistem.

AO RÉS DO CHÃO
Sobre a cômoda em Buenos Aires
o espelho reflete o vidro de colônia Avant la Fête
(antes/
muito antes da festa).
Reflete o vidro de Supradyn, um tubo
de esparadrapo,
a parede em frente, uma parte do teto.
Não me reflete a mim
deitado fora do ângulo como um objeto que respira.

Os barulhos da rua
não penetram este universo de coisas silenciosas.
Nos quartos vazios
na sala vazia na cozinha
vazia
os objetos (que não se amam):
uns de costas para os outros.

LUZ
Em cima da cômoda
uma lata, dois jarros, alguns objetos
entre eles três antigas estampas
Na mesa duas toalhas dobradas
uma verde, outra azul
um lençol também dobrado livros chaveiro
Sob o braço esquerdo
um caderno de capa preta
Em frente uma cama
cuja cabeceira abriu-se numa grande fenda
Na parede alguns quadros
um relógio, um copo

a área interna é um lugar muito frio
onde as roupas secam
o sucesso toca
uma criança chora
a empregada
um passarinho uma gaiola um cachorro
o sol fica lá no alto

Quando você me pergunta o que caracterizava a diferença da poesia escrita nos anos 60 em relação à dos 70, respondo que era exatamente essa, a meu ver: em vez da poesia endereçada, "de encomenda", nerudiana, em cima do fato ou circunstância, a poesia do clima, do "olhar oblíquo e dissimulado". Mais do que uma escolha estilística consciente, foi a opção possível. Na música popular ocorreu o mesmo. Em vez de "Carcará", "Sabiá".

Quanto à praia, fiquei sempre com a impressão de que nós estávamos lá porque fomos expulsos da Cidade. Parecia uma concessão, para que a gente não pensasse que tínhamos perdido de goleada. Éramos uma espécie de sobreviventes de um naufrágio, mais perto dos personagens do famoso livro de Adolfo Bioy Casares, *A invenção de Morel*, de 1940, do que dos atuais intérpretes da série televisiva *Lost*. Vivíamos de bicos, condenados a uma coreografia da repetição, presos do lado de fora, apodrecendo no paraíso da culpa. Afinal, era um lugar de resistência ou de desistência? A figura inesquecível e escalavrada de Marcos Medeiros, líder estudantil, chegado de Cuba, arrebatado e arrebatador, parceiro de Glauber Rocha em um filme que nunca vi, se não me engano chamado *História do Brasil*, reaparecendo em Ipanema, me impressionou muito mal. As marcas da acne que ele tinha nas costas como que representavam as marcas das torturas infligidas pela repressão. Como reparar aquele sofrimento?

Marcos não pôde dar a volta por cima como Fernando Gabeira, o Guerrilheiro Zen, participante do *sequestro* do embaixador americano, "sueco", antes de exilar-se lá. Até a cicatriz, provocada pelos tiros da repressão, nele se estetizava, como uma tatuagem.

A última moda, naquelas areias, era o bronzeador, *soi-disant*, natural, que todos, com viço ou sem, passavam. O poema de Drummond, do tempo da guerra, "Inocentes do Leblon", voltava como um diagnóstico preciso da alienação autoimposta:

Os inocentes do Leblon
não viram o navio entrar.
[...]
Os inocentes, definitivamente inocentes, tudo ignoram,
mas a areia é quente, e há um óleo suave
que eles passam nas costas, e esquecem.

Era uma espécie de férias forçadas de turistas de si mesmos (sic) desprovidos de metas e de máquinas fotográficas. A visão que eu tinha era negativa e não levava muito em conta a revolução de costumes, a contracultura, importante, sem dúvida, mas mais fácil de ser controlada ou assimilada pelo sistema que permitia até uma certa corrosão, para, inclusive, nos esculachar, como drogados e sem-vergonha, cobertos de ferrugem, mas não uma mudança para valer, de ponta-cabeça, com boina e fuzil marca Fidel.

No que me dizia respeito, tudo o que se passava ali fazia mais o meu sexo do que a minha cabeça. A que tentava pensar, bem entendido, pois a outra se metia sem pensar. Vivia, assim, entre suplício e delícia, careta, pois hipocondríaco até a medula não arrisca, só petisca. Não mais paz e amor ou "fazer amor", mas comer fulana, e, pela primeira vez, pelo menos para meus ouvidos, as mulheres diziam que iam *comer* beltrano! Abstêmio por natureza, virgem absoluto de toda droga, não por virtude, mas por temor da morte, sofria meu "exílio" administrado. Não como um santo do pau oco, mas como um fingidor *part time*. Estava tão por fora dos costumes daquela tribo que cheguei a pensar que o cheiro de patchouli, que contornava aqueles corpos, era o de um tipo novo de suor, produzido pela dormência e aceleração da erva, do pó e do ácido, misturados.

No meu livro *longa vida*, escrevi sobre o que eu via e que, por tabela, vivenciava:

Pirar é arder
a mil
>*fora da pista*
com o narciso em chamas;
>*é cair*
em si sem sentir
nenhum sentido
e seguir, assim
>*segundo por segundo*
a cem por hora
a céu aberto
verão adentro
sem pouso ou pique
sequer
>*pra um gole de sombra*
refresco
>*abraço*
ou guarida;
>*é correr na contramão*
(além do fôlego)
por bares, praias
>*casas*
pegando fogo
e chegar — ventando —
>*na hora H*
de todos os incêndios
sem água ou nada
que apague as labaredas
carregando apenas
mochilas cheias de mormaço;
pirar é arder
a mi/

> milímetro por milímetro
> e queimar
> velocilento
> como uma brasa
> se consome até na fogueira do próprio sono
> e, de repente,
> some.
> é estar nu e só
> no centro ou no lugar
> onde somente o sol
> sabe
> e assassina.

Nessa época, aliás, não se falava Posto 9. Se dizia: "Amanhã, no Sol". Não, não era uma efusão lírica, típica dos anos das "dunas da Gal", dissolvidas há muito. Indicava, com rigor topográfico, o lugar do encontro: em frente ao Hotel Sol Ipanema. Alguns, mais maníacos, chegavam a precisar, minuciosa e tipograficamente: "Em frente ao 'o' do Sol". Apesar de ser nosso território, o medo inconsciente do desencontro, de nos perdermos, já que não tínhamos propriamente um destino, fazia com que mimetizássemos, sem perceber, o procedimento exato dos "pontos" da guerrilha urbana, estando eles e ela, a um palmo, na calçada, mas que significava, porém, enorme distância — um palmo de gigante.

Em outro poema, que fazia par com o citado antes, tentava uma aproximação mais lírica, através daquela paisagem impecável e nem um pouco inútil:

> De sol a sol
> ligados
> a todo volume
> na mesma tomada

sob o som
a plenos pulmões
de mil e uma cores
amplificadas
e do mar em cinemascope
e estéreo
na potência máxima dos seus vários canais.

Todos nós
nus elétricos
em curto, na areia
no coração do Solmergulhando
fundo
nas sucessivas ondas
acústicas que o verão programa e irradia/pelos alto-falantes
[do céu:

TOPLESS PERDE A CABEÇA
E ATEIA FOGO À SUA NUDEZ.

Ao ar livre
suíte azul sem fim
como meu corpo
que não acaba aqui
à flor de sua própria pele
mas prossegue
nada
e transborda em tantos outros
gestos
na beirada do oceano
sem portos, apenas poros
com todos os seus sentidos abertos.

Altas nuvens, 40 graus à sombra

não impedem
a sensação recuperada
do olhar de quem pela primeira vez
folheia um Atlas e descobre
em página dupla, o Mapa-Múndi
o espaço escancarado que a vida
tem na Terra para voar;
na praia, entre montanhas
de prédios e a gargalhada do mar
deixo o barco correr no calor
no horizonte, sem hora para voltar.

Depois, em 1988, a leitura dos livros do Daniel Aarão Reis, com fotos do Pedrinho de Moraes, e do Zuenir Ventura, sobre 1968, foi importante como balanço. Quanto aos poetas, acho que o Gullar é figura central nisso tudo: o "Poema sujo", em vez de Canção, é o definitivo Réquiem do Exílio:

[...]
claro claro
mais que claro
      raro
o relâmpago clareia os continentes
passados:
      noite e jasmim
junto à casa
vozes perdidas na lama
domingos vazios
      água sonhando na tina
pátria de mato e ferrugem
      busca de cobre e alumínio/
      pelos terrenos baldios
      economia de guerra?

pra mim
torresmo e cinema
Sozinho naquele
desaguadouro de rio
sob o sol duro do trópico
sozinho na tarde no planeta na história/
[...]

Em contrapartida, quem relata, em boa poesia, a barra da guerrilha, da prisão e da tortura, daqueles que não puderam exilar-se, é o Alex Polari:

AMAR EM APARELHOS
Era uma coisa louca
trepar naquele quarto
com a cama suspensa
por quatro latas
com o fino lençol
todo ele impresso
pelo valor de teu corpo
e a tinta do mimeógrafo.

Era uma loucura
se despedir da coberta
ainda escuro
fazer o café
e a descoberta
de te amar
apesar dos pernilongos
e a consciência
de que a mentira
tem pernas curtas.

Não era fácil
fazer o amor
entre tantas metralhadoras
panfletos, bombas
apreensões fatais
e os cinzeiros abarrotados
eternamente com o teu Continental,
preferência nacional.

Era tão irracional
gemer de prazer
nas vésperas de nossos crimes
contra a segurança nacional
era duro rimar orgasmo
com guerrilha
e esperar um tiro
na próxima esquina.

Era difícil
jurar amor eterno
estando com a cabeça
a prêmio
pois a vida podia terminar
antes do amor.

Fui escrevendo assim, em ziguezague, ao sabor da lembrança. A impressão é que estava resfriado o tempo todo, naqueles idos: por isso não podia sair na chuva para a luta armada nem para o sol dos "paraísos artificiais". Uma legenda adequada para o meu perfil seria: "Armando está resfriado", à maneira de Gay Talese em seu famoso artigo sobre Frank Sinatra. No meu caso, soa como a desculpa primeira e clássica do hipocondríaco, para interditar-se. Em crônica recentíssima, o Gabeira diz que "é preciso sempre perguntar onde estávamos nós" nos acontecimentos políticos passados. De acordo. Tantos anos depois, portanto, é assim que me vejo na entrelinha que ocupei.

Quando passo ao largo do Posto 9 de hoje, a pé ou de carro, avisto, de longe, uma bandeira vermelha esfarrapada do PT, ao vento. Se voltar a pisar nas areias daquela "ilha", será para ajudar a remendar aquela bandeira aflita, se o vento deixar. Mas a epígrafe definitiva deste texto ou daquele tempo está na mão de Manuel Bandeira: "Nem falta o murmúrio da água, para sugerir, pela voz dos símbolos,/ Que a vida passa! que a vida passa!/ E que a mocidade vai acabar".

Será que serve? Vou mandar como está. Depois a gente se fala ao telefone, ok? Abraço.

Armando

Inconfissões e inconfidências

O TELEFONEMA DE SETE HORAS

Sábado chuvoso seis e pouco de uma tarde em março de 1979

[...] vem você estou aqui enrodilhada. você tem carro. táxi aqui é difícil. por que táxi? vem de ônibus. você tem mania de táxi. ônibus também é difícil nos sábados sem praia. mas você gosta de andar de guarda-chuva quando só está ameaçando e quando chove fica em casa. cadê o guarda-chuva? só serve quando ameaça? serve de bengala... olha só você está doente? não. está com preguiça? também não. se você vier vai ver que não. e aquela história de hálito? passou. era como uma ardência localizada. aftas? não sei por que você fica só lembrando de doença. não é doença. foi você que falou disso e muito. mas passou. aposto que você não vem por causa disso do meu hálito. tem medo de pegar não sei o quê. talvez mas não tinha pensado. agora fico pensando. não nisso só. em quê? você viu o que o canastrão literário falou no suplemento? vi. mas não fica dando corda. você vive dando corda. gosta de cultivar briguinhas. gosto de sentir raiva. e você também. só que não dou muita bola. eu dou. por que não dar se gosto? depois se queixa de gastrite. não tem nada a ver. tem a ver com o que eu como e não com o que ou quem não engulo de jeito nenhum. olha só faça como eu jogue os livros dele no lixo e pronto não fica fermentando. prefiro ficar com os livros para confirmar sempre a canastrice. então você duvida? não de jeito nenhum. acho que é algo como um prazer sádico vulgar. olha você vem pra cá logo. tenho que procurar meias apropriadas os meus pés estão gelados e úmidos estão com chulé. como se escreve? o quê? chulé? acho que é com ceagá. também acho mas gostaria que fosse com xis. ia cheirar pior se fosse. escuta. por que não vem logo? faz assim. se levanta. não estou na cama. se levanta da cadeira então. estou no chão. sai do chão então. conhece a expressão perdi o chão? não é do meu tempo. você só conhece o que é do seu tempo? e as guerras napoleônicas já ouviu falar? não gosto de guerras. agora eu é que falo. vai no quarto larga o chinelo lá porque eu sei que você não larga o chinelo em casa calça o tênis e vem. estou de braços abertos esperando. é pouco. pouco? de pernas abertas serve? […] mas por que você não vem? para mostrar poder? é queda de braço? dobrar o outro? só me dobro em dois. desdobro-me pela casa. na rua não. sou andarilha profissional. já ouviu falar? já leu a voz humana de cocteau? não. detesto cocteau. por quê? por causa dele ter sido simpatizante do nazismo. não chegou a isso. não foi colaboracionista não. não gosto porque ele adora literatura. e nós? você é um pouco como ele. quem adora literatura faz literatice, isso sim. escrever é in loco. nem vou discutir isso pelo telefone. vem pra cá. estou pensando… não pensa vem. mas tenho que ir ao banheiro. xixi ou cocô? cocô. o telefone chega no banheiro? chega mas tira a concentração. experimenta vai. cheguei para de falar. […] mas… pronto acabei. já? o principal já foi. agora o que vier é lucro. esse negócio de intestino caprichoso. nesse negócio sou hamletiano fazer ou não fazer. antes de sair ou depois de voltar? viu só como você ama literatura? faz literatura o tempo todo. você também ora. só que finge que não faz. porque acha que a moda é essa. você tem mania de moda. quero ouvir mais esse negócio de moda. só cara a cara vem. se tivesse um telefone com televisão junto seria perfeito. seria mas aí ninguém saía mais né? pode ser e daí? você é que não sairia nunca não eu. que chatura essa chuva. viu só? você vive com medo de chuva. quando moço andava de galochas em petrópolis. me lembro um dia em que duas meninas olharam uma para outra quando me viram de galochas. fiquei malparado perdi ponto. por falar nisso passando da chuva para o sol aquele biquíni seu com saiote que coisa hein? [...] é a última moda. viu? eu só penso em literatura e você em moda. está provado. e se for o que que tem? nada. mas é assim. e por que fica todo afetado? afetado o quê. afetado é aquele maiô. afinal você gostou ou não? gostei a contragosto. isso é que dá ficar nesse vem não vem. a gente vai acabar brigando. brigando você que adora brigar. mas estou te falando que é mais fácil você vir dormir aqui. tem vaga pro seu carro e tudo. mas o certo é você vir. certo? por que certo? porque estou enrodilhada. estou falando sério. eu também. quando se está assim não é só por comodidade. por que será então? não vou explicar. se você não adivinha. adivinha? você está perdendo o hábito da causerie como diz meu pai. diz pra quem? para minha mãe. e ela? não liga. mamãe é dessas que não dão bola nariz em pé. e ele? sério sóbrio, advogado, procurador federal mas um conversador de mão cheia. já contei como foi quando ele me levou para conhecer bandeira? já. e com drummond? não como foi? só uma coisa. drummond disse que ele deveria escrever memórias. por quê? porque ele contou como foi a semana de arte moderna aqui no rio. só por isso? não mas não estou com saco para contar mais para quem diz que não gosta de literatura. mas eu quero ouvir. ouvir com essa voz? que voz? voz escarninha. que é isso? não enche. você não tem jeito. vem ou não vem? depois dessa você é que deve vir. você está sempre à beira de fazer má-criação. vou desligar. quer desligar desliga bate com o telefone na minha cara. mas que ataque é esse? você não gagueja quando fica assim. estava quieta aqui. você telefonou e cismou que eu devia ir pra aí. mas você topou. topei nada. se você telefonou você é que devia vir ora. mas como iria se desde o começo notei que você não estava a fim. a fim de quê? [...] de visitas madame. não estava mesmo, mas depois fui ficando por causa da sua carência. por pena então. não pena compreensão. compreensão? compreensão sim porque você não sabe ficar sozinho homem não sabe ficar sozinho em casa homem casado principalmente homem casado como você. como eu? pra começar não estou casado. por fora não por dentro está. que classificação idiota é essa? classificação de quem conhece você de trás pra frente. você não me conhece de trás pra frente. isso não é um insulto é interesse psicológico. se é assim eu dispenso. depois quem te conhece melhor sou eu do que você a mim. puxa vida eu telefono com carência? ok. com carência. com carência sua vá lá e você desdenha assim. não estou desdenhando. sou muito mais velho que você... não começa com essa coisa de velho você como me culpa disso. culpo sim. afinal você vai morrer depois de mim. como você sabe? teoricamente. pela ordem natural das coisas. desculpe. tá bom. você não precisa vir. mas você pode continuar precisando. se eu precisar muito eu vou. mas eu preciso saber. por quê? vai alguém aí? transação? não ninguém. bem você não mente. mas você mente não é? minto às vezes. para você minto menos. você acha que eu sou burra. não. por isso? às vezes é burra. loura burra. o que é isso está chorando? nunca ninguém me chamou de burra. e que importância tem isso? se você fosse burra aí sim. mas você disse que eu sou. puxa.

quantos anos você tem afinal? cada vez vou ficando mais velho.
isso sim é que é insulto. mas você levar a sério uma brincadeira.
sua voz não estava brincando estava com raiva. não importa.
uma brincadeira raivosa não dá tesão? pode dar ou não dar. depende do modo de dizer. fico pasmo de você levar assim a sério.
se fosse com um desconhecido eu tava cagando. ah deixa disso.
não deixo não. você confunde intimidade com grosseria. agora é
que você não vem mesmo aqui. não vou mesmo nem pagando.
você me paga se eu for? pago. quanto? sei lá. se pagar bem o que
eu mereço vou e vou rodando bolsinha. cem. cem o quê? dólares? dólares! você vale quanto pesa. quanto você pesa? 52, 53.
então o valor é esse cafetão? faço um abatimento arredondando
para menos. 52. fecho em cinquenta. você sabe por falar nisso
que um amigo meu mais velho que eu me disse que agora é
moda as meninas darem para sujeitos mais velhos? ele fica até
cabreiro de perguntar a idade então pergunta o peso. se tiver cinquenta come. então é um pedaço de carne não é? você tem cada
amigo que eu vou te contar. machismo em alto grau. aliás você
também é um pouco assim talvez muito mas disfarça. todos têm
essa mania de futebol puta sambão. por que ele fica cabreiro?
tem medo de brochar? tem medo da polícia dos pais. todos desse
tipo inclusive você têm medo de brochar. quem não tem? além
do mais é chato à beça. mas isso é coisa nossa da nossa classe
social. gente pobre não broxa nem pensa nisso. tá fazendo pouco? não pelo contrário. ainda bem. jacaré é ótimo sacou? [...] falamos tanto em comer vem jantar comigo vem. tem risoto. de
frango? tem algum que não seja? não como mais carne. mas que
bobagem. isso é superstição bobagem. aprendeu com quem?
com a minha geração. mas você não é muito da sua geração. sou
sim. o que escreve não é. você é que não vê. fica com ciúme inveja. inveja ou ciúme? os dois. posso ter ciúme de você mesmo
assim part time como o comunismo devia ser como você disse.

inveja não tenho não. tenho raiva. de mim?! não quero não preciso. tenho raiva de todo mundo. já tive muita raiva de você. por quê? você nunca me falou. nem vou falar agora só se você vier aqui agora eu falo. cara a cara. essas coisas têm que ser assim ao vivo e não no telefone. isso é sacanagem sua. assim não vou. vem se é homem. não. não sou para isso não sou. está com medo? estou porque vou saber o motivo por que você ficou com raiva. estou sozinho. já está ficando escuro. o silêncio da urca é um túnel aberto de noite. um teto altíssimo um piso profundo. céu e mar. escreve isso agora. agora não dá mais porque falei. daqui a anos talvez. não vem com essas besteiras de literatura. não é literatura. não posso falar que azeda. sou assim. é literatura da pior sim. eu escrevo em qualquer lugar. de qualquer maneira. com lápis caneta até com dedo. com sangue. isso sim é literatura. não seu burro o dedo é força de expressão tipo há uma gota de sangue em cada poema. mais literatura não pode ser tem até assinatura. então é literatura sua... sua o quê? nada. pode falar não choro mais. comigo não tem esse negócio para escrever. mesa cadeira cantinho. nisso eu sou assim também. vem pra cá e me ensina a escrever de qualquer maneira. isso não se ensina. é estilo. jeito de ser. gostaria de ser assim. não fui sempre assim. fui sendo. fui caminhando para a mixórdia. vou escrevendo sem plano risco arrisco o acaso que tem que entrar não sabe não? o meu acaso entra mas é meio premeditado o seu parece mais com a acepção do acaso. sua poesia é um verbete do acaso. o meu subjetivo tem que ser objetivado até onde for possível mas aí acho que o acaso morre um pouco se perde a não ser que se saiba parar a tempo. acho que o leitor merece alguma gentileza. escreve isso já já. vem pra cá que eu escrevo na sua mão com pilot roxo. mas o leitor não merece consideração não é? não quero roxo. só tem roxo? deixa eu ver. só. então não vou. e se eu encontrar? vou. e se eu mentir? vou e volto. vou mandar esquentar o risoto. você tá com empregada em casa? tô.

mas o que ela vai pensar de mim? ora não vai pensar nada. não acredito que você só falou agora que não tá sozinho. mas eu estou sozinho. a empregada não é ninguém? não pensa em nada? deixa disso isso é desculpa sua. uma hora caneta outra empregada... empregada e caneta duas coisas iguais. que chatice. chatice nada mostra muito como você pensa. isso é feminismo barato. você ficou comunista part time. como é o nome dela? clotilde. como ela é? mulata clara alta. gorda? não é gorda. seu amigo machão perguntaria o peso dela? perguntaria. quantos anos tem? uns vinte e poucos. não gosta que eu chame ela tocando a campainha. campainha? campainha de mesa nunca viu? não acredito. qual a diferença? a campainha da porta pode a da mesa não por quê? porque não! agora eu não vou aí mesmo nessa senzala. senzala é o cacete! é o emprego dela. ela ganha um ordenado. vou começar a assinar carteira e tudo. e ela fica aí no sábado? ficou hoje descansando eu acho. você acha? e como você vai pedir pra ela o risoto? o risoto tá pronto é só botar no forno. por que você não põe? não sei acender o forno. tem uma coisa de acender um jornal. fico com medo de explodir na minha cara. quem fez o risoto? a cozinheira de mamãe. veio aqui trazer é amiga dela. foi ela que trouxe a outra pra aqui pra fazer uma experiência. qual o nome? clotilde. não a da sua mãe? áurea. empregada antiga dela por que você quer saber o nome de todo mundo? lei áurea vem bem a propósito. você vive como um velho. eu sou um velho. agá diz que você é velho desde que nasceu. ela é mais amável comigo do que você. pode ser mas eu sou mais verdadeira. não ponho panos quentes. você é muito mimado. por ela? nunca fui. escuto poucas e boas. mas a mim você responde xinga. porque com ela tem uma espécie de solidariedade de geração. ela é minha irmã. com você tenho que xingar reagir. ridículo isso tudo. literatura do pior tipo o vento levou. afinal você quer me matar simbolicamente. psicanálise de quinta hein? chega de lero-lero. o risoto chegou. vou comer com você no telefone. você vem de sobremesa ou para a sobremesa? [...] vou falar de boca cheia. essa áurea cozinha bem? muito. está lá em casa há uns vinte anos. ela é preta? é. você não tem vergonha de falar lá em casa? sua casa é aí não é lá. que chatice é essa? estou achando bom você não vir nem eu ir. não ia acontecer nada. confessa o que queria que acontecesse [...] você fala como se tivesse alguém ouvindo aí tomando conta de você. tem certas coisas que não se fala no telefone. ah! que bandeira. no telefone é que se fala tudo na cara porque a gente não vê a cara do cara ou da cara-metade. o cara não pode ser cara-metade também? difícil. que parti pris idiota. burra idiota que mais? você finge a sensibilidade que não está ativa a sensibilidade que você não tem. não tenho? quem disse? você é fingidona. melhor que ser miss frigidaire. [...] bem... que jantar pesado mal mastigado. você quer que eu vá aí? eu estou quase indo. de boca cheia? de boca limpa. dentes escovados. você não escova os dentes bem como todos os católicos. que é isso?! só os protestantes escovam bem? somos mais disciplinados. acho que é isso. e os macumbeiros? não escovam porque são pobres. as mulheres escovam dentes e tomam banho melhor do que os homens. tem uma necessidade maior de limpeza. mas quanto à alma não sei não. minha alma é limpa loura linda. seria foda se fôssemos assim mas a alma é um mata-borrão mora? escreve isso já e desenvolve. você minha professora manda sempre eu escrever e depois o literato sou eu. por isso mesmo é que eu mando. nas aulas do souza leão você manda assim? mando e dou zero. tirar zero é mais difícil que tirar dez. pudim de leite doce demais. você quer? não como isso como fruta. eu também. mamão banana. você sabe que minha mãe dizia que eu não podia nem ver banana na fruteira quando bebê que eu tinha ânsia de vômito? por isso que você é assim. assim como? fiteiro. blue boy. blue boy daquele quadro de... esse mesmo. mas esse é bicha se bem me lembro. e o que que tem? sou bicha viada bruxa o que for nem ligo. mas eu ligo sou macho. tanto assim? olha que não é, hein? [...] prazer passivo não é igual ao prazer ativo? depende com quem. não importa quem. importa o prazer a entrega e ponto final. [...] tradutora do relatório hite só fica encucando isso. ah! essa não! mais valia você ler lolita em inglês e ver que maravilha que é o prazer dos inocentes não tão inocentes. [...] conversa assim desliga não liga. você é completamente pirada. a conversa vai indo vai indo depois de um certo número de frases você pira fica puta. não estou puta tô cansada pra caralho para entrar no seu clima. viu só? tá puta. nunca vi caralho tão falso na boca de quem não fala palavrão. falo pouco de palavrinha a palavrão. gosto mais de escutar. você anda falando pouco e baixo. sempre falei baixo tenho um sopro no coração. e o que que tem isso com falar baixo? você faz ginástica não sei quantas vezes por semana anda de bicicleta e aí o sopro do coração não sopra? pinta mais quando eu falo com você irritante. vou ter que ir ao banheiro. você vem comigo. vou. [...] pronto que liberdade há algo melhor do que o intestino funcionar bem? acabou? não. estou obrando ainda. e o livro? está andando. boto um tiro outro. você nunca diz poema. não acredito em literatura. embora você não tenha perguntado o meu está pronto. você nem dá tempo. vai mesmo pela nova fronteira? sim. meus poemas vão sair por lá. você não pergunta porque não gosta do livro e tem inveja da minha editora ser maior que a sua. não gosto daquele poema da negra e de um ou dois mais. o resto vá lá. pois é vá lá. vou falar então. o seu então é todo vá lá. você escreve com medo de ficar muito diferente do que se escreve agora. da sua turma que não é sua turma. quem é minha turma? você? nunca. não quero ser da sua turma tão diferente de você em tudo. na maneira de escrever de ser de continuar. de continuar...? continuar escrevendo. seu livro seria melhor se você raspasse o jargão da geração. baby pra cá e neon e outros bichos pra lá. com a mania de ser engraçadinho epigramático à força. isso só vale quando ocorre e não quando se busca. você compreende? você não tem nada a ver com essa poesia polaroide de revelação instantânea oswaldiana piadista tipo jingle & comercial sei lá. fica mais a performance do que o poema. vai ficando datado. nem sai do poema como quem sai do poema lavando as mãos como diz o caga-regras genial nem dá de ombros. aliás você está pra sua geração como joão cabral está pra geração de 45. parece na aparência mas na essência não. você altera a dicção da sua geração injetando literatura disfarçada ou contrabandeada nela. só se vê depois. antes fica esquisito. por isso é que vive fingindo que detesta literatura. nem falo que é melhor ser assim ou assado. falo que é preciso assumir sua identidade e pronto. é o seu jeito hermético que é difícil. como poeta e como pessoa. seu estilo possível à clef. sai toda recortada o que sai é todo recortado ou coisa que o valha mas vale a pena nesse momento ser assim não oferecida compreende? ser assim fechada à chave que foi engolida ainda por cima. tem mais. mas nem se você fizesse isso ou aquilo queria me enturmar com você com sua poesia. poesia sim. não adianta não dizer que é. compreende? isso de não dizer é típico desse pessoal de sandálias bolsas a tiracolo e tênis obrigatórios. [...] e o seu rabo de cavalo não conta como marca como adesão? não combina com você inclusive. deixa meu rabo pra lá. não deixo não. [...] não quero me dar com a poeta essencialmente. prefiro me dar com a pessoa. dá pra separar? [...] vamos parar por aí. paro se quiser porra. se não quiser desliga agora na minha cara. não adianta ficar assim porque eu não gosto de três ou quatro poemas seus. poemas viu? falei. falou porque está se referindo a mim. ainda digo mais. não é só da minha editora que você fica invejando. é do prefácio do zé guilherme. você admira ele e ficou com cara de tacho quando leu. eu vi bem. nunca pensou que ele escrevesse sobre mim e aí disse não sei pra quem que esse negócio de prefácio é careta etc. e tal. se lembra que foi você que me avisou que ele tinha me citado na entrevista da veja? e eu nem tinha visto. isso prova... prova o quê? o valor que você dá à legitimação literária feita pela crítica. e depois o careta sou eu. está enrodilhada porque tem veneno. você quer brigar mesmo. me prende no telefone para brigar dizer desaforo. tá bem desculpe. sabe por que briga tanto? porque tem mania de casar toda hora. o que que tem o cu com as calças? você não aguenta ficar sozinho e aí inventa que ama... não invento que amo. até nem sei se alguma vez disse que tinha amor por alguém. disse que tinha tesão isso sim. amor só papai e mamãe né? é crítica de quê? da posição? da posição do missionário? e daí? é posição básica confortável para os dois. é ou não é? não precisa gaguejar. esse tempo todo você só gaguejou uma vez. e você fica contando o meu... defeito? para! então tá. livro ruim. prefácio careta. não fode direito. não disse isso. mas disse quase. quase eu concordo. pois é. por causa dessa crítica feroz de voz calma que você é assim. assim como? feroz? ah não diz isso é injusto. logo você vai me dizer isso que eu sou feroz? ok. feroz não. ferina. você está sempre ao desabrigo abandonada por causa disso. já acabou aí no banheiro? desde que entrou aí endoidou. já. um instantinho só. o bidê é solitário. que barulhada! você toma um banho? um meio banho digamos. banho de assento. o fio do telefone estava todo enrodilhado como você. agora está esticado retíssimo como eu. começamos bem perto. agora estamos longíssimos. ele está esticado como você ficou. puxa! que jantar. vou acabar tendo um troço aqui e você nem está aqui pra me socorrer. não vai ter nada deixa disso. tem usado o tênis? só quando saio com você. remoça né? você fica bem de azul. papagaio! a gente se telefona e acaba saindo no pau. você que telefonou. que coisa horrível. não exagera... é só poesia. não vem com essa. não é só poesia. é alguma coisa que nos joga um contra o outro. não psicanalisa vai. eu não fico assim com seus desaforos. sei que são da boca pra fora. mas tem algo interno de raiva verdadeira. de raiva mútua. afinal gosto tanto de você. gosto das suas três ou quatro pestanas albinas que você não gosta e vive e dorme de óculos escuros por causa disso? não enche. já vi uma raposa que tinha. por que razão você fica assim? tão avara. por que eu fico assim à flor da pele? suando. olha só. tá frio pra cachorro e estou todo suado. toma um banho que eu espero. depois do jantar? não faz mal nenhum. eu sempre tomo. mas eu nunca tomei e não vai ser agora sozinho. sozinho não. com a empregada. casa grande & senzala. esse negócio de empregada de campainha mexeu com você. me deu tesão isso sim. então por que não vem pra cá? você é que devia vir aqui e traz a empregada. como é o nome dela mesmo? não enche. é gostosa? quer ser chacrete ou trabalhar no flávio cavalcanti. jura? preciso jurar? quer falar com ela? clôoooô. cadê a campainha? clô? já tem nome de chacrete. cadê ela? já está dormindo. pra ela já é domingo. deve ter escutado tudo. esse despautério. vai lá na porta dela e fala des-pau-té-rio assim mesmo. ela vai dar pra você na certa. por quê? segunda sílaba. vai pensar que tem a ver com pau. depois sou eu que sou casa grande e senzala. os 3 patéticos de São Paulo que você gosta apesar de não ter nada a ver com eles nem sua geração muito menos… mas eles têm valor, ora!… é que iam gostar de que mesmo? de nada. eles só gostam deles mesmos. ah é tipo família mafiosa. melhorou o suor? melhorei. mas estou com azia. se ainda tivesse takazima. takazima? quem é? não é ninguém! é um remédio do tempo do onça. amanhã vamos nos encontrar no parque lage? quer dizer que você não vem aqui mesmo. não. estou cansada. enrodilhada? não. estatelada. eu bem que podia ir aí. poder você pode. mas você não vem para ganhar o jogo. assim não vale a pena. esse telefone é a bola. fale por você. se é assim por que não veio antes? porque queria que você viesse. nós dois ficamos esperando godot. na peça ele vem? não lembro. ele não vem claro. senão não fazia sentido a falta de sentido. aquela peça é uma masturbação. e esse telefonema também é. pode ser ou vir a ser. sei lá. mas eu gostaria de falar ainda um pouco do seu livro sem a raiva de antes. seria uma correção da falta de educação. deixa de ser bobo e fala logo. quero saber burrinho. começo pelo meio. o poema da visita ao ginecologista... está no meio mesmo... está explícito demais. você não é explícita é implícita. você começou pelo meio mesmo. [...] mas quanto aos outros eu acho tudo direito. você é uma excelente equilibrista. manteve todos na mesma linha de produção. produção? esquisito isso. troca a palavra então. na mesma linha do coração sei lá. você entendeu o que eu disse ou não? mais em miúdos não dá. puxa! que mal-humorado que você é. mas eu gosto muito quando você fala de poesia em geral. ah é?! que novidade não sabia. ironia entre nós não vale ok? ironia e cinismo não valem nada você sabe. sei. mas não sei se concordo. num dos seus discursos sobre ética e moral você vivia batendo nessa tecla que a ironia é a arma dos fracos. que deixava você no portal da vida e outras belas frases ribombavam. onde você está agora? está falando à brinca ou a sério? a sério juro. por que não vem pra cá de avião? agora quem está enrodilhado sou eu. enredado. acabei nem tomando banho hoje. toma banho aqui dorme aqui apesar de não gostar de tomar banho com sabão dos outros nem de dormir fora de sua caminha. trepar pode dormir não. no fundo é por isso que não vem pra cá agora. não gosto de tomar banho com sabão dos outros quando são muitos outros. com o seu sabão não. não? não tenho grilo nenhum claro. por falar nisso eu gosto de usar tênis e tal mas o pé sua de um suor diferente. suor diferente? suor disfarçado mas que é suor. no pé finge que não é suor mas o que fica no tênis é um super suor ardido e fica para sempre suando ou suado. nunca vi um blue boy igual. eu às vezes fico dois três dias sem tomar banho e daí? em dias tristes ou em dias alegres? sei lá! sabe sim. dias tristes alegres tá bom assim? tá. mas então quem vai quem fica? reparou que às vezes nem sei direito quem fala o quê? estamos falando igual como se um fosse o espelho do outro. daqui a pouco fico gaga. por falar nisso gravei um poema de drummond no café com letra. qual? canto esponjoso, manja? manjo. gosta? gosto. só gosto? não estou lembrando muito bem. então não manja nem gosta né? é aquele que ele fala vontade de cantar mas tão absoluta que me calo repleto. que retórica. retórica linda que você não vai esquecer nunca. poema bom é aquele que a gente guarda um verso dois e de repente o verso vem faz parte da gente dá voz a nossa sensação. depois esse poema é o único poema alegre completamente alegre que ele fez. mas justamente nesse verso ele não dá vazão à alegria. mas a alegria mesmo interna está lá. o êxtase está lá maior que a alegria até. eu gravei na terça. e então? ficou uma bosta. bosta nada eu ouvi. ouviu onde? na casa de agá. ela não me disse nada. nem você me disse. tinha que dizer? não. mas seria mais normal dizer do que não dizer. e ainda cantei paralelas do belchior. gosta daquilo? gosto. em copacabana esta semana o mar sou eu... você tem ciúme meu com ela. e você tem meu com ela. você não vê que ela adora ser pivô? pode ser mas nesse caso não me importo muito. você e ela são as mesmas. uma só para mim dependendo da inclinação do dia e da intenção. intenção?! [...] e eu não tenho identidade? na frente dela você diminui. é natural. ela é mais velha. aquela coisa professora, mãe, amante tudo misturado. você não devia ser analista. por quê? porque fica perigoso ficar falando assim ninguém gosta. depois ficam falando mal de você com razão. quem fica? ela e eu por exemplo. vocês falam mal de mim? às vezes sim. que traidoras falam o quê? ah sei lá. que você fica espionando tudo. que gagueja para fazer charme coisas assim. coisas de mulher. por falar nisso gostei do que você falou sobre poesia de mulher. que não acreditava nisso mas depois ficou pensando e tinha que pensar mais se existia ou não. claro que existe mas não sei como. cecília meireles? ela é mulher? pode ser pensando bem ou pensando mau com u. não tem maldade aqui não. é um conceito. agora digo eu escreva um artigo. melhor um ensaio sobre isso. cabe melhor num ensaio tipo montaigne. já leu montaigne? li não belisquei. acho chato e de repente fascinante. talvez mais velho eu compreenderei melhor saberei fazer a transposição através do tempo para encaixar ele no nosso tempo assim como fiz com machado capítulo por capítulo. mais velho você já é. velho não velhusco me dê uma chance mademoiselle madame bovary. prefiro bertha young. young combina com a sua idade. prefiro ser ela por isso então. ainda não li esse conto. vou ler um dia para você em inglês. prefiro ler antes e depois você me lê não o que senti mas o que devo sentir senão não vou compreender direito. não faz mal o que você perder. o conto é sobre isso. sobre a perda. tanta coisa para ler. tanta coisa para deixar de ler. tanta coisa para você que não lê à toa. só lê o que vai servir como... incremento. todo mundo que escreve é assim. você já reparou que nesse telefonema comprido como esse fio não concordamos em nada? se tivesse alguém gravando ficaria horrorizado com esse desentendimento. com esse fla × flu né? que que você quer comigo? a primeira coisa que fui na vida foi fluminense. escreve isso aí. escreve sobre isso no sentido amplo fora do campo do jogo. depois só eu falo. você fala pouco. sempre fui assim. sou mais de escutar você sabe. para depois colar não é? faz uma faculdade de psicologia se forma em primeiro lugar põe um espelho na frente e se autoanalisa. quanta bobagem. de tanto falar não já estou com a garganta seca. estou com ouvido quente. se lembra do poema-orelha? calha bem aqui com a orelha quente. eu gosto de sua orelha com defeito de nascença. é mais bonita do que a outra. escuta. tudo vivido? nada... nada vivido tudo. sabe de cor? quem não sabe de cor uma coisa dessa? você implica com drummond mesmo. prefiro bandeira lido pela cê. drummond não dá espaço. escreve tudo. escreve sobre tudo. não dá vontade de escrever nada mais. não tem mais nada para escrever. bandeira tem umas brechas. a gente entra por elas. concordo mas não aceito. não aceito essa... resignação diante de drummond. não adianta eu sou resignada por natureza. não só com ele. então essa resignação devia começar muito antes. dante. goethe. shakespeare. outra língua de outros países muito mais cultivados que o nosso. interessa aqui dentro viu? o nosso ovídio é ele o farmacêutico mineiro. como é que pode? a profissão de ovídio qual foi? sei lá. acho que começamos bem com um farmacêutico. lida com formulações e coisa e tal. poeta é isso. coisa e tal. eu não sou poeta. sou linda gostosa. não há dúvida. mas de que estávamos falando mesmo? disso. disso o quê? parece um interrogatório. você é explicadinho. [...] sou filho único. gago. não sei nadar nem dirigir. sabe trepar? sei. de vez em quando. bom pelo menos isso. vem pra cá. não. depois disso não. por quê? evidente demais. previsível demais. estou quase indo pra aí. estou aqui enrodilhada. tá muito tarde. viu só? tanta energia. tanto fla × flu. e agora é que não vai ter táxi mesmo. o fio do telefone preto é que está todo enrodilhado de novo. parece um pentelhão crespo. na sua casa os telefones são pretos. chic. mas a geladeira não é branca brancona. que cor? gelo. que cor? gelo gelo. aqui o telefone é cinza. é feio banal. comprado nas lojas americanas. e o seu foi comprado aonde? é antigo. a telefônica é que instalava. tem esse preto de mesa e um de parede na copa parece uma máscara negra. tem uma televisão que se chama máscara negra. é mesmo? vou comprar pra combinar. chama assim porque a tela é negra. televisão escurona? deve ser uma merda. merda nada é a última moda. última moda viu? ah ah caiu como um patinho nem é tão nova assim. nós estamos há tanto tempo aqui estou com a bunda assada. é de ficar enrodilhada muda. muda não. você me fez falar cada coisa. nós nos falamos. pelo menos isso. o que fazer depois disso? a gente tá longe mas não largou um do outro. pelo menos não nos perdemos. mas fazer o que depois disso? bater bronha? não precisa ser depois e dormir ora. vai dar angústia. não está com sono? nunca tenho sono. toma remédio eu tomo. qual? dalmadorm. eu tomo valium valei-me. valium não é barbitúrico pesadão. não dá ressaca. dá sim. tudo dá ressaca. minha vida é uma ressaca. daqui de casa se ouve o apito dos navios entrando na barra. é mesmo? se você me tivesse dito antes teria ido aí. a urca é longe desolada deve ser triste de noite foi bom não ir. foi por isso que você não veio dormir aqui então. foi bom não ouvir mas poderia ter ficado cativada na ponta mais extrema e dolorida do cais. no paredão com as pedras embaixo embaixo. não mela a literatura. se eu soubesse. mas você só se interessou mesmo quando eu falei das empregadas e campainha na mesa. claro. campainha na mesa. pagava pra ver. é só vir aqui na hora do almoço ou do jantar. eu vou. amanhã. amanhã não sei. por quê? transação? não. tá bem não precisa responder. não começa. se lembra como a gente se conheceu? não. eu telefonei estou sempre telefonando pra você. homem é pra isso. eu telefonei e você atendeu sisuda enrugada. claro nem te conhecia. você disse não a um convite para participar dessas mesas mas marcou um encontro na puc perto dos pilotis. me lembro do encontro. pois é você chegou toda colorida ali no pátio e eu na ponte parecia que todo mundo estava em preto e branco. se você dissesse isso no começo eu já estava aí e aí a gente brincava de casinha. depois eu ia andar na praia de vestido. em copacabana. de jantar no bela blu com um pé tocando o pé do outro debaixo da mesa olhos nos olhos como num samba-canção. uma cena de cinema. é de cinema mesmo parece… não parece com nenhum filme não. não estraga o gozo o prazer do devaneio que vem vindo devagar […].

O TELEFONEMA DE MENOS DE UM MINUTO

Sábado de praia meio-dia e meia, 29 de outubro de 1983

Ele: Como estamos? Tudo bem? Dormiu bem?

Ela: Tudo péssimo. Noite péssima, de lagarto.

Ele: Tenha calma, você está melhorando.

Ela: Você vem aqui?

Ele: Não posso. Estou resfriadíssimo, com febre de 38 e meio. Não quero passar gripe para você.

Ela: Passar gripe...

Ele: Olhe só. Fiquei dois anos trancado em casa: de 1963 a 1965...

Ela: Já sei disso...

Ele: Quando, a poder de remédios, fui saindo; sabe o que comprei sem pensar no valor simbólico da coisa? Um par de sapatos novos na sapataria a um passo de casa.

Ela: Não tenho esse tempo todo.

Ele: Mas estou em casa o dia inteiro, claro. Ligue quando quiser, precisando ou não, ouviu? Ligue. Ouviu?

Ela: Keep in touch.

Créditos

"Maracanã sem amanhã"
Publicado originalmente no site NO. (Notícia & Opinião) e posteriormente no livro *Pelada poética — Copa do Mundo no Brasil*. Belo Horizonte: Scriptum, maio 2014.

"Preciso ou não arrumar minha mesa"
Texto escrito sobre uma foto de Mario Cravo Neto, de 1980, para uma série intitulada *Primeira Vista* e publicada no Blog do Instituto Moreira Salles em 26 out. 2017.

"Da incompetência"
Publicado em *Remate de Males: Revista de Teoria e História Literária*, Campinas, v. 30, n. 2. jul./dez. 2010.

"Sol e carroceria"
Publicado com serigrafias de Anna Letycia. Rio de Janeiro: Lithos, 2001. Em 2008 foi organizada uma edição xerocada, a partir do álbum de 2001, realizada por Sergio Liuzzi.

"Tocado pela dor"
Publicado na revista *serrote*, São Paulo, Instituto Moreira Salles, n. 10, mar. 2012.

"Quinta-feira disparue", "Uma questão moral" e "Longínquo atroz"
Publicados em uma plaquete sob o título *Trio*. Rio de Janeiro: 7Letras, jun. 2018.

"Cão feroz"
Publicado na revista *piauí*, n. 96, Rio de Janeiro, set. 2014.

"Poemas em prosa"
Publicado sob o título "Rio fulminante" no livro *Brasil imperdível: Roteiro sentimental das cidades-sede da Copa 2014*. Belo Horizonte: Duplo Ofício; Popcorn, dez. 2010.

"Pássaro flechado"
Publicado na *Folha de S.Paulo*, São Paulo, 9 abr. 1995. Caderno Mais!

"Perseguindo Sussekind"
Orelha de *Armadilha para Lamartine*, de Carlos & Carlos Sussekind. São Paulo: Brasiliense, 1991.

"Em flagrante, na terceira margem"
Publicado na revista *Módulo*, Rio de Janeiro, nov. 1982. Caderno A Contemporaneidade. Número em homenagem a Mário Pedrosa. Disponível em: <https://revistas.ufrj.br/index.php/ae/article/view/20712>. Acesso em: 24 jul. 2022.

"Três mosqueteiros"
Publicado sob o título "Poetas escrevem em detalhes sobre a tradição da modernidade que buscam" na *Folha de S.Paulo*, 12 maio 1990. Caderno Letras. Posteriormente, publicado em *Artes e ofícios da poesia*. In: Augusto Massi (Org.). Porto Alegre; São Paulo: Artes e Ofícios; Secretaria Municipal de Cultura da prefeitura da cidade de São Paulo, 1991.

"Compreende?"
Publicado na revista *serrote*, n. 6, São Paulo, Instituto Moreira Salles, nov. 2010.

"Cinco em um"
Orelha de *Museu de tudo e depois: Poesias completas II*, de João Cabral de Melo Neto. Rio de Janeiro: Nova Fronteira, 1988.

"Minha luta com A *luta corporal*"

Publicado no *Suplemento Literário de Minas Gerais*, Belo Horizonte, v. 38, n. 1267, abr. 2004. Livros ao Léu.

"Mais vivo do que nunca"

Publicado na *Folha de S.Paulo*, São Paulo, 3 jun. 2018. Ilustríssima.

"Carta aberta. poesia participante e praia"

Publicado na revista *serrote*, n. 8, Instituto Moreira Salles, São Paulo, n. 8, jul. 2011.

"Inconfissões e inconfidências"

Publicado na revista *piauí*, n. 87, Rio de Janeiro, dez. 2013.

Do autor

POESIA

Palavra. Rio de Janeiro: ed. particular, 1963.

Dual, poemas-práxis. Rio de Janeiro: ed. particular, 1966.

Marca registrada, poemas-práxis. Rio de Janeiro: Pongetti, 1970.

De corpo presente, quarta-capa de Mário Chamie. Rio de Janeiro: ed. particular, 1975.

Mademoiselle furta-cor, com litografias de Rubens Gerchman, edição composta e impressa manualmente por Cléber Teixeira. Florianópolis: Noa Noa, 1977. Este livro recebeu, no mesmo ano, uma edição xerocada, contendo um poema inédito, com tiragem de mil exemplares, pelo impressor Daguiberto, sob a supervisão de Luiz Fernando Gerhardt.

À mão livre, prefácio de José Guilherme Merquior. Rio de Janeiro: Nova Fronteira, 1979.

longa vida, prefácio de Ana Cristina Cesar, orelha de Sebastião Uchoa Leite. Rio de Janeiro: Nova Fronteira, 1982.

A meia voz a meia luz. Rio de Janeiro: ed. particular, 1982.

3x4, posfácio de Silviano Santiago. Rio de Janeiro: Nova Fronteira, 1985.

Paissandu hotel, projeto gráfico de Salvador Monteiro. Rio de Janeiro: ed. particular, 1986.

De cor, prefácio de José Miguel Wisnik. Rio de Janeiro: Nova Fronteira, 1988.

Cabeça de homem, prefácio de Luiz Costa Lima, orelha de João Gilberto Noll. Rio de Janeiro: Nova Fronteira, 1991.

Números anônimos, orelha de Laymert Garcia dos Santos. Rio de Janeiro: Nova Fronteira, 1994.

Dois dias de verão, com Carlito Azevedo e ilustrações de Artur Barrio. Rio de Janeiro: Sette Letras, 1995.

Cabeza de hombre, prefácio e tradução de Adolfo Montejo Navas. Madri: Hipérion, 1995.

Cadernos de Literatura 3, com Adolfo Montejo Navas. Rio de Janeiro: Impressões do Brasil, 1996.

Duplo cego. Rio de Janeiro: Nova Fronteira, 1997.

Erótica, com gravuras de Marcelo Frazão. Rio de Janeiro: Velocípede, 1999.

Fio terra. Rio de Janeiro: Nova Fronteira, 2000.

3 Tigres, com Vladimir Freire. Rio de Janeiro: ed. particular, 2001.

Sol e carroceria, com serigrafias de Anna Letycia. Rio de Janeiro: Lithos, 2001.

Doble cec, tradução de Josep Domènech Ponsatí. Barcelona: Llibres del Segle, 2002.

Toma de tierra, prefácio e tradução de Adolfo Montejo Navas. Barcelona: Dvd Ediciones, 2002.

Máquina de escrever: Poesia reunida e revista, prefácio de Viviana Bosi, orelha de Sebastião Uchoa Leite. Rio de Janeiro: Nova Fronteira, 2003.

Tríptico, com arte gráfica de André Luiz Pinto. Rio de Janeiro: .doc edições, 2004.

Trailer de Raro mar, plaquete composta por Ronald Polito. Rio de Janeiro: Espectro Editorial, 2004.

Numeral, nominal, tradução de Josep Domènech Ponsatí. Barcelona: Ediciones de 1984, 2004.

Raro mar, prefácio de João Camillo Penna. São Paulo: Companhia das Letras, 2006.

Para este papel, realização de Sergio Liuzzi com acabamento de Paulo Esteves. Rio de Janeiro, 2007.

Tercetos na máquina, plaquete composta por Ronald Polito. São Paulo: Espectro Editorial, 2007.

Rara mar, tradução de Josep Domènech Ponsatí. Barcelona: Café Central; Eumo Editorial, 2007.

Sol e carroceria, edição xerocada, a partir do álbum lançado em 2001 com serigrafias de Anna Letycia, realizada por Sergio Liuzzi. Rio de Janeiro, 2008.

Mr. Interlúdio, com ilustração do autor, realização de Sergio Liuzzi. Rio de Janeiro: Zen Serigrafia, 2008.

Lar, prefácio de Vagner Camilo. São Paulo: Companhia das Letras, 2009.

Pingue-pongue, com Alice Sant'Anna, realização de Sergio Liuzzi. Rio de Janeiro: Zen Serigrafia, 2012.

Dever. São Paulo: Companhia das Letras, 2013.

Rol. São Paulo: Companhia das Letras, 2016.

Dez. Rio de Janeiro: Megamíni, 2017.

Tremor, plaquete com Luis Matuto. Belo Horizonte: Tipografia do Zé, 2019.

Erótica, com Marcelo Frazão, 2. ed. Rio de Janeiro: Villa Olivia, 2019.

Na rua, com André Luiz Pinto da Rocha. Rio de Janeiro: Galileu Edições, 2019.

Tranca, com Sergio Liuzzi. Rio de Janeiro, 2020.

Arremate, com prefácio de Mariana Quadros. São Paulo: Companhia das Letras, 2020.

ANTOLOGIAS

Uma antologia. Armando Freitas Filho, Vila Nova de Famalicão (Portugal): Quasi Edições, 2006.

Armando Freitas Filho, seleção e prefácio de Heloisa Buarque de Hollanda. São Paulo: Global, 2010. Coleção Melhores Poemas.

Entre cielo y suelo: una antología, tradução, seleção e prefácio de Teresa Arijón e Camila do Valle. Buenos Aires: Ediciones Corregidor, 2010.

Armando Freitas Filho, editores: Sergio Cohn, Marcelo Reis Mello e Germano Weiss. Coleção Postal, 2018.

Armando Freitas Filho, Antología personal, tradução e prefácio de José Javier Villarreal. Puebla (México): El Errante Editor, 2019.

PROSA

Trio. Rio de Janeiro: 7Letras, 2018.

OBJETO

W — homenagem a Weissmann. Concepção e poema: Armando Freitas Filho. Realização e arte gráfica: Sérgio Liuzzi. Bula: Adolfo Montejo Navas. Pintura e acabamento: Paulo Esteves. Rio de Janeiro: ed. particular, 2005.

ENSAIO

Anos 70: Literatura, com Heloisa Buarque de Hollanda e Marcos Augusto Gonçalves. Rio de Janeiro: Europa, 1979.

LITERATURA INFANTOJUVENIL

Apenas uma lata. Rio de Janeiro: Antares, 1980.
Breve memória de um cabide contrariado. Rio de Janeiro: Antares, 1985.

TABLOIDE

A flor da pele, com fotos de Roberto Maia. Rio de Janeiro: ed. particular, 1978.
Loveless!, com gravura de Marcelo Frazão. Rio de Janeiro: Impressões do Brasil, 1995.

INSTALAÇÃO

Cartografia (a partir de *Números anônimos*), de Adolfo Montejo Navas, Belo Horizonte, 1998.

CD

O escritor por ele mesmo — *Armando Freitas Filho*. Rio de Janeiro: Instituto Moreira Salles, 2001.

DVD

Fio terra, de João Moreira Salles. Rio de Janeiro: Instituto Moreira Salles; Vídeo Filmes, 2006.

FILME

Manter a linha da cordilheira sem o desmaio da planície, de Walter Carvalho. Rio de Janeiro, 2016.

COLABORAÇÃO

Poemas em *Doble Identidad/Dupla Identidade*, de Rubens Gerchman. Bogotá: Arte Dos Gráfico, 1994. Os poemas foram traduzidos para o espanhol por Adolfo Montejo Navas e para o inglês por David Treece.

ORGANIZAÇÃO E INTRODUÇÃO

Inéditos e dispersos: — poesia/prosa, Ana Cristina Cesar. São Paulo: Brasiliense, 1985.

Escritos da Inglaterra — tese e estudos sobre tradução de poesia e prosa modernas, Ana Cristina Cesar. São Paulo: Brasiliense, 1988.

Escritos no Rio — artigos/resenhas/depoimento, Ana Cristina Cesar. Rio de Janeiro; São Paulo: Editora da UFRJ; Brasiliense, 1993.

Correspondência incompleta, Ana Cristina Cesar, com Heloisa Buarque de Hollanda. Rio de Janeiro: Aeroplano, 1999.

Ana Cristina Cesar — novas seletas. Rio de Janeiro: Nova Fronteira, 2004.

Poética. São Paulo: Companhia das Letras, 2013.

ESTA OBRA FOI COMPOSTA POR ACOMTE EM ELECTRA E IMPRESSA PELA
LIS GRÁFICA EM OFSETE SOBRE PAPEL PÓLEN BOLD DA SUZANO S.A.
PARA A EDITORA SCHWARCZ EM OUTUBRO DE 2022

A marca FSC® é a garantia de que a madeira utilizada na fabricação do papel deste livro provém de florestas que foram gerenciadas de maneira ambientalmente correta, socialmente justa e economicamente viável, além de outras fontes de origem controlada.